Schnitzler | Lieutenant Gustl

Lektüreschlüssel XL

für Schülerinnen und Schüler

Dieses Buch wurde klimaneutral gedruckt.

Alle CO_2-Emissionen, die beim Druckprozess unvermeidbar entstanden sind, haben wir durch ein Klimaschutzprojekt ausgeglichen, das sich für den Regenwaldschutz in Papua-Neuguinea einsetzt.

Nähere Informationen finden Sie hier:

Klimaneutral
Druckprodukt
ClimatePartner.com/14058-1912-1001

Arthur Schnitzler

Lieutenant Gustl

Von Mario Leis

Reclam

Dieser Lektüreschlüssel bezieht sich auf folgende Textausgabe:
Arthur Schnitzler: *Lieutenant Gustl*. Hrsg. von Sabine Wolf. Stuttgart: Reclam, 2013 [u. ö.]. (Reclam XL. Text und Kontext, Nr. 19128.)
Diese Ausgabe des Werktextes ist seiten- und zeilengleich mit der in Reclams Universal-Bibliothek Nr. 18156.

E-Book-Ausgaben finden Sie auf unserer Website
unter www.reclam.de/e-book

Lektüreschlüssel XL | Nr. 15512
2020 Philipp Reclam jun. Verlag GmbH,
Siemensstraße 32, 71254 Ditzingen
Druck und Bindung: Kösel GmbH & Co. KG,
Am Buchweg 1, 87452 Altusried-Krugzell
Printed in Germany 2020

ISBN 978-3-15-015512-7

Auch als E-Book erhältlich

www.reclam.de

Inhalt

Inhalt

1. Schnelleinstieg

Autor	Arthur Schnitzler (1862–1931), Studium der Medizin – 1882/83: Militärischer Dienst als Einjährig-Freiwilliger – ab 1885 als promovierter Arzt tätig, auch in der Psychiatrie – am 14. Juni 1901 wird Schnitzler wegen des *Lieutenant Gustl* sein Offiziersrang abgesprochen
Veröffentlichung	Erstveröffentlichung: 25. Dezember 1900 in der Wiener Tageszeitung *Neue Freie Presse*
Gattung	Novelle
Epoche	Wiener Moderne (1890–1910) / Fin de Siècle (frz. ›Ende des Jahrhunderts‹), ca. 1890–1914
Werkaufbau	Die Novelle besteht aus einem fortlaufenden inneren Monolog, der allerdings von einem dreistündigen Schlaf Gustls unterbrochen wird.
Ort und Zeit der Handlung	Wien: Die Handlung beginnt am 4. April 1900 um 21.45 Uhr und endet ungefähr um 5.45 Uhr am nächsten Morgen. Der innere Monolog wird durch Gustls rund dreistündigen Schlaf unterbrochen: »muss Mitternacht vorbei sein« (S. 30) bis »Drei« (S. 32)

Die Novelle *Lieutenant Gustl* des österreichischen Schriftstellers, Mediziners und Reserveoffiziers Arthur Schnitzler erschien am 25. Dezember 1900 in der Weihnachtsbeilage der *Neuen Freien Presse*. Diese Veröffentlichung sorgte für einen handfesten Skandal, weil der Autor die vermeintlich heilige Standesehre der Offiziere und den Antisemitismus in der

Abb. 1: Von Moritz Coschell illustriertes Cover der ersten Buchausgabe des *Lieutenant Gustl*, erschienen 1901 im S. Fischer Verlag

Armee der Habsburger-Monarchie kritisierte. Er wurde für diesen Text vom Militär abgestraft, indem ein Ehrenrat ihm seinen Rang als Reserveoffizier aberkannte.

Schon 1896 hatte Schnitzler die Idee zu seiner Novelle notiert, die auf eine reale Begebenheit zurückgeht: »Einer bekommt irgendwie eine Ohrfeige; – niemand erfährts. Der sie ihm gegeben, stirbt und er ist beruhigt, kommt darauf, dass er nicht an verletzter Ehre – sondern an der Angst litt, es könnte bekannt werden. –«[1]

Leutnant Gustl, alles andere als charakterlich gefestigt, wird in der Novelle von einem Bäckermeister im Zuge einer Drängelei in seine Schranken gewiesen, was der Offizier als schwere Kränkung seiner Ehre empfindet. Da sein Widerpart nicht satisfaktionsfähig ist, also nicht zum Duell gefordert werden darf, kann Gustl seine Ehre nicht durch ein Duell wiederherstellen, weshalb er mit dem Gedanken spielt, sich umzubringen.

Selbstmordgedanken

Vom ersten bis zum letzten Satz des Textes lässt der Autor die Leser an der Gedankenwelt des Leutnants teilnehmen, und zwar in Form des inneren Monologs. *Lieutenant Gustl* ist der erste literarische Text in der deutschsprachigen Literatur, der fast durchgängig – lediglich durch die wörtliche Rede anderer Figuren kurz unterbrochen – den inneren Monolog aufweist.

1 Zit. nach: Evelyne Polt-Heinzl, *Erläuterungen und Dokumente. Arthur Schnitzler, »Lieutenant Gustl«*, durchges. Ausg., Stuttgart 2009, S. 37.

2. Inhaltsangabe

Gustls innerer Monolog während eines Oratoriums

Leutnant Gustl, junger Offizier der k. u. k. Armee in Wien, wohnt am 4. April 1900 einem Konzert, einem Oratorium, bei. Sein Kamerad Kopetzky hat ihm dafür ein Billet geschenkt, das er widerwillig angenommen hat: »Hätt' ich die Karte lieber dem Benedek geschenkt, dem machen solche Sachen Spaß; er spielt ja selber Violine. Aber da wär' der Kopetzky beleidigt gewesen.« (S. 7)

Ein Singverein führt Felix Mendelssohn Bartholdys *Paulus – Oratorium nach Worten der heiligen Schrift* (1836) auf. Es stellt Sequenzen aus dem Leben des Apostels Paulus vor und verkündet eine Friedensbotschaft, die sich gegen Intoleranz, Hass und Aggression wendet.

Gelangweilter Kulturbanause

Aber Gustl langweilt sich, das wird schon im ersten Satz der Novelle deutlich: »Wie lang wird denn das noch dauern?« (S. 7) Musik ist dem Offizier fremd, er nimmt als bekennender Kulturbanause keinen Anteil am Vortrag. Obendrein weiß er noch nicht einmal, was er sich dort anhört; erst das Programmheft klärt ihn darüber auf: »Ja, richtig: Oratorium! Ich hab' gemeint: Messe.« (S. 7)

Gustl sehnt das Ende des Konzertes herbei. Seine Gedanken schweifen derweil nach Art der freien Assoziation mehr oder weniger ziellos umher. Er ergeht sich in der Betrachtung der anderen, insbesondere der weiblichen Konzertbesucher: »Das Mädel drüben in der Loge ist sehr hübsch.« (S. 7) Der Leutnant denkt an ehemalige Liebhaberinnen, die er lediglich zum Sex instrumentalisiert hat: »Etelka! … Kein Wort deutsch hat sie verstanden, aber das war auch nicht notwendig … hab' gar nichts zu reden brauchen! …« (S. 10) Und er zerbricht sich den Kopf über seine aktuelle Geliebte: »Ah, diese ewige Abschreiberei von der Steffi geht mir wirklich schon auf die Nerven!« (S. 9) Eigentlich wollte der Leutnant den Abend mit ihr verbringen, aber einer ihrer Freier hat ihren Dienst gebucht.

Gustl und die Damenwelt

Gustl machen zudem seine Spielschulden zu schaffen. Am Tag zuvor hat er am Spieltisch 160 Gulden verloren, das sind rund drei seiner Monatsgehälter. Man konnte wegen unehrenhafter Schulden, wenn sie einen höheren Betrag ausmachten, zu einem ehrengerichtlichen Verfahren geladen werden, das zum Ausschluss aus der Armee führte. Manche Offiziere sahen dann als einzigen Ausweg den Selbstmord.

Spielschulden

Gustl hat sich zwar das »Ehrenwort gegeben« (S. 10), die Finger vom Spiel zu lassen, aber die Leser ahnen, der wankelmütige Offizier wird es mit dem »Ehrenwort« nicht so ernst nehmen. Obendrein erwartet er Hilfe von seiner Familie: »Die Mama wird wieder ein G'sicht machen, wenn Sie meinen Brief bekommt! – Ah, sie soll zum Onkel geh'n, der hat Geld wie Mist; auf die paar hundert Gulden kommt's ihm nicht an.« (S. 10)

Gustls Vorhaben, sich mit dem Konzertbesuch musisch »zu zerstreuen« (S. 7), ist offenbar misslungen. Zerstreuung sucht der Leutnant auch deshalb, weil er sich am Tag nach dem Konzert ein Duell mit einem promovierten Rechtsanwalt liefern will – dem er jedoch, so behauptet er zumindest, keineswegs ängstlich entgegensieht, sondern eher gespannt wie einem sportlichen Wettkampf: »Heut' heißt's: früh in's Bett, morgen Nachmittag frisch sein! Komisch, wie wenig ich daran denk', so egal ist mir das!« (S. 10 f.)

■ Das anstehende Duell mit dem Doktor

Streit mit dem Bäckermeister

Als das Konzert schließlich beendet ist, entspinnt sich – nachdem Gustl schon recht ruppig mit dem Garderobenpersonal umgegangen ist – im Gedränge ein Dialog zwischen ihm und dem Bäckermeister Habetswallner. Es geht darum, wem wohl der Vortritt gebührt. Der Handwerker verweigert ihm, dem Offizier den Vortritt, und damit – wie Gustl glaubt – die ihm angemessene Ehrerbietung. Der Leutnant sieht sich von dem ihm flüchtig bekannten Bäcker in die Schranken gewiesen, obwohl der ihn nur um »Geduld, Geduld!« (S. 15) bittet. Der unbeherrschte Gustl beleidigt den Bäckermeister: »Sie, halten Sie das Maul!« (S. 15)

Daraufhin begeht Habetswallner einen Tabubruch, indem er, der Kleinbürger, die Waffe Gustls, das Symbol der militärischen Ehre schlechthin, einfach festhält: »er hat den Griff von meinem Säbel in der Hand«

■ Statussymbol Säbel

(S. 15). Als Höhepunkt der Auseinandersetzung nennt ihn der Bäcker gar »dummer Bub« (S. 15) und droht ihm, er würde seinen Säbel zerbrechen und die Überreste an seinen Regimentskommandanten schicken.

Gustl ist außer sich angesichts dieses Angriffs auf seine Ehre. Sein erster Gedanke, als ihm klar wird, wie ihm geschieht: »Um Gotteswillen, nur kein' Skandal« (S. 16). Durch die Körperkraft des Bäckers, »der zufällig stärkere Fäust' hat« (S. 20), sowie durch seine eigene Verwirrung unfähig zu reagieren, sieht Gustl seinen Beleidiger von dannen ziehen. Völlig verwirrt findet er sich schließlich auf der Straße wieder: »Um Gotteswillen, hab' ich geträumt? ... Hat er das wirklich gesagt?« (S. 16) Den Dialog zwischen den beiden Männern hat keiner gehört, darauf legt der Zivilist wert, weil er dessen »Karriere nicht verderben« (S. 16) will: »So, hab'n S' keine Angst, 's hat niemand was gehört« (S. 16).

■ Bloß kein »Skandal!«

Die Gedanken des Leutnants überschlagen sich beim Bemühen, den vermeintlichen Skandal einzuordnen und eine Möglichkeit zu finden, um seine beleidigte Offiziersehre wiederherzustellen. Er beginnt eine Wanderung und eine Bewusstseinsodyssee durch das nächtliche Wien, in deren Verlauf der Verstörte versucht, Klarheit zu finden.

■ Gustls Bewusstseinsodyssee

Das Problem: Sein Kontrahent ist Zivilist und damit nach militärischem Ehrenkodex nicht satisfaktionsfähig. Die Ehrenrettung kann also nicht, wie es unter Angehörigen des Offiziersstandes üblich gewesen wäre, durch Austragung eines Duells erfolgen. Al-

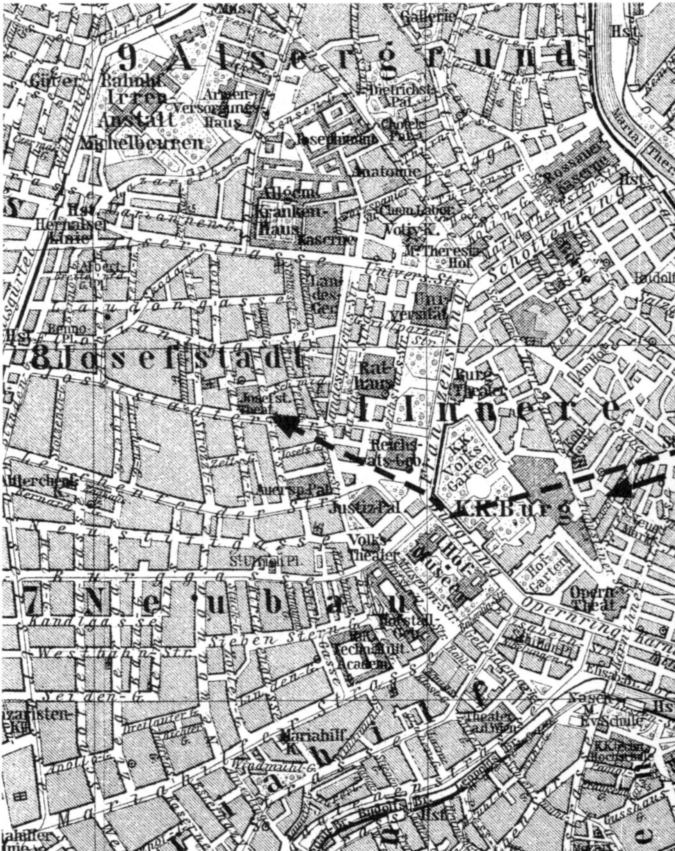

Abb. 2: Gustls Weg durch Wien

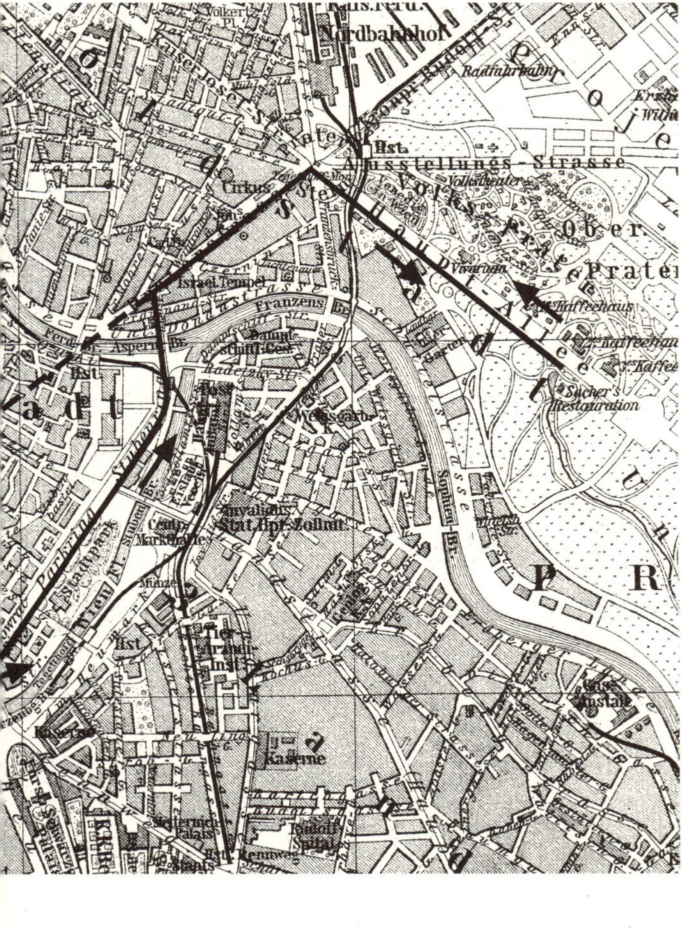
Nordbahnhof
Radfahrbahn
Ausstellungs-Strasse
Volkstheater
Cirkus
Israel.Tempel
Franzens Br.
Vivarium
Ober
Prater
Kaffeehaus
Sacher's Restauration
Weissgarb.
Invalidenh.
Stat.Hpt.Zollamt
Sophien-Br.
Markthalle
Stadtpark
Parkring
Münze
Kaserne
Rudolf Spital
Metternich Palais
Rennweg
Gas Anstalt
P R

lerdings hat wohl keiner der Konzertbesucher die Ehrverletzung mitbekommen – solange Gustl und sein Kontrahent also darüber schweigen, könnte Gustl die Sache auf sich beruhen lassen. Aber er kommt zu dem Schluss, dass ihm »nichts anderes übrig« (S. 19) bleibt, als sich »eine Kugel vor den Kopf« (S. 18) zu schießen.

Überraschendes Ende

Auf seinem Weg durch die Stadt legt der Leutnant eine Rast im Prater ein, wo er auf einer Parkbank einschläft (S. 32). Der dreistündige traumlose Schlaf unterbricht den inneren Monolog und bildet somit eine Zäsur für die Novelle wie für den Gedankenstrom des Protagonisten.

■ Zweites musikalisches Intermezzo

Nach dem Erwachen nimmt Gustl seine Wanderung und den Fluss seiner Gedanken wieder auf. Orgelklänge und Gesang, die aus einer Kirche zu ihm dringen, veranlassen ihn zum Besuch der Frühmesse (S. 37 f.). Vielleicht kann ihn die Religion wieder zu Sinnen bringen und Trost spenden: »Möcht' in die Kirche hineingehn ... am End' ist doch was dran« (S. 38). Die Musik erinnert ihn dann jedoch an die Ereignisse des vergangenen Abends, und so verlässt er fluchtartig die Kirche: »Woran erinnert mich denn nur die Melodie? – Heiliger Himmel! gestern Abend! – Fort, fort! das halt' ich gar nicht aus!« (S. 38)

Bevor er nach Hause geht, um seinen Entschluss, sich zu töten, wahr zu machen, kehrt er aber in einem

Kaffeehaus ein und erfährt dort, dass der Bäckermeister Habetswallner in der vergangenen Nacht einem Schlaganfall erlegen ist. Gustl sieht sich erlöst: »Tot ist er – tot ist er! Keiner weiß was, und nichts ist g'schehn! – Und das Mordsglück, dass ich in das Kaffeehaus gegangen bin ... sonst hätt' ich mich ja ganz umsonst erschossen« (S. 44). Der Leutnant vermutet, der plötzliche Tod des Bäckermeisters könne »eine Fügung des Schicksals« (S. 44 f.) oder göttlichen Ursprungs sein: »Am End' ist das alles, weil ich in der Kirchen g'wesen bin ...« (S. 44).

Bäckermeister Habetswallner

Euphorisch schmiedet er nun Pläne für den angebrochenen Tag. Seinem für vier Uhr am Nachmittag anberaumten Duell mit dem Rechtsanwalt sieht er mit grimmiger Entschlossenheit entgegen: »... na wart', mein Lieber, wart', mein Lieber! Ich bin grad gut aufgelegt ... Dich hau' ich zu Krenfleisch!« (S. 45)

3. Figuren

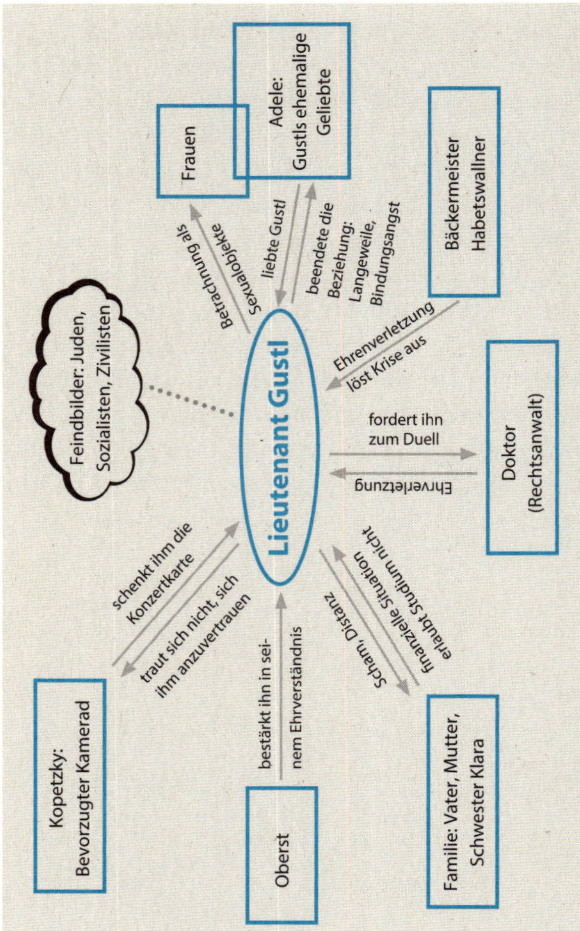

Abb. 3: Figurenkonstellation

Die Erzählform des inneren Monologs bedingt, dass auch die weiteren Figuren in der Novelle ausschließlich aus Gustls Perspektive dargestellt werden, ohne dass ein objektiver Erzähler diese knappen Figurencharakterisierungen korrigieren oder erweitern könnte. Lediglich knappe Passagen wörtlicher Rede ermöglichen es den Lesern, Eindrücke von Figuren zu gewinnen, die nicht durch Gustls Perspektive gefärbt sind

Leutnant Gustl

Indem die Leser Gustls Gedankenstrom folgen, erschließen sich ihnen Persönlichkeit und gesellschaftliche Wirklichkeit dieses jungen Offiziers der k. u. k. Armee, der in dieser Nacht eine existenzielle Krise durchlebt, am nächsten Tag jedoch sein Leben fortsetzen wird, als sei nichts geschehen.

Arthur Schnitzler nennt den Vornamen des Protagonisten schon im Titel der Novelle und macht damit deutlich, welchen hohen Stellenwert diese Hauptfigur einnimmt. Gleichzeitig wertet der Autor damit von vornherein den Infanterie-Leutnant ab: Die Leser erfahren nur seinen verniedlichenden Kosenamen, eben »Gustl«; sein richtiger Vorname lautet vermutlich entweder Gustav oder August.

■ Gustl = Kosename

Leutnant Gustl stammt eventuell aus kleinbürgerlichen Verhältnissen:

■ Kleinbürgerliche Verhältnisse?

»Über die soziale Herkunft Gustls herrscht in der Forschungsliteratur Uneinigkeit. Zum Teil wird die

Position vertreten, der Protagonist stamme aus dem Kleinbürgertum [...]. Zuweilen wird auch der familiäre Hintergrund einer ›höheren Grazer Beamtenfamilie‹ [...] konstatiert. Exakt bestimmen lässt sich die soziale Herkunft des Protagonisten letztlich nicht, da der Text dafür keine genügend präzisen Informationen vergibt«.[2]

Wichtige Lebensstationen

Seine Familie lebt in Graz in der Steiermark. Im Verlauf der Novelle erinnert sich Gustl an wichtige Stationen seines Lebens, das bereits einige Kränkungen für ihn bereithielt: Sein Vater, ein Beamter, wurde vorzeitig pensioniert, weshalb Gustl das Gymnasium verlassen musste. Wohl aus finanzieller Not – vielleicht aber auch, weil er den Anforderungen nicht gewachsen war – wurde der Junge »in die Kadettenschul' gesteckt« (S. 12), die ihm immerhin einen bescheidenen Status als Infanterie-Offizier gewährleistet. Hätte der Junge sein Abitur machen können, wäre sein Ziel ein Studium gewesen: »Ich hätt' Ökonomie studiert, wär' zum Onkel gegangen ... sie haben's ja alle wollen, wie ich noch ein Bub war ...« (S. 28). Gustl hat also seine bescheidene militärische Laufbahn alles andere als freiwillig absolviert oder gar aus einer patriotischen Gesinnung heraus. Obendrein blieb ihm der Weg in die prestigeträchtige Kavallerie verwehrt, weil er sich kein Pferd leisten konnte und sein Vater ihn

2 Gerrit Vorjans, *Von der Torheit, wählerisch zu sterben – Suizid in der deutschsprachigen Literatur um 1900*. Bielefeld 2016, S. 127.

Abb. 4: Lukas Watzl als Leutnant Gustl in der virtuellen Theatererfahrung *Inside Lieutenant Gustl* (Regie/Bearbeitung: Sebastian Brauneis) – © Studio Brauneis / Poesie Media

nicht unterstützen wollte: »Schad', dass ich nicht zur Kavallerie gegangen bin ... aber das hat der Alte nicht wollen – wär' ein zu teurer Spaß gewesen« (S. 30).

Gustls Sozialneid

Diese Demütigungen sind auch mitverantwortlich für seinen Sozialneid gegenüber Vermögenden, Gebildeten und Juden. So sind ihm die »Einjährigen« (S. 22), die aufgrund ihrer höheren Schulbildung nur ein statt drei Jahre zu dienen haben, ein Dorn im Auge, weil sie seine Statusangst schüren. Die Einjährig-Freiwilligen, die am Ende ihres Wehrdienstes Reserveoffiziere sind, genießen die gleichen Privilegien wie die Berufsoffiziere: »Wir müssen uns jahrelang plagen, und so ein Kerl dient ein Jahr und hat genau dieselbe Distinktion wie wir ... es ist eine Ungerechtigkeit!« (S. 22)

Sinnstifter Militär

Trotzdem ist das Militär für Gustl der einzige Halt. Stolz berichtet er, was für ein erhebendes Gefühl es war, als er zum ersten Mal seine Uniform anzog: »Wenn ich mich so erinner', wie ich das erste Mal den Rock angehabt hab', so was erlebt eben nicht ein jeder ...« (S. 12). Gustls Status als Offizier der k. u. k. Armee dient ihm fortan als Leitfaden seines Denkens und Handelns, weil der militärische Dienst ihm ein sinnhaftes Dasein suggeriert. Er definiert sich über den militärischen Ehrenkodex und wacht argwöhnisch darüber, ob andere diesen Status angemessen würdigen.

Gustl und die Ehre

Vor allem gilt es, die Offiziersehre gegen jegliche Angriffe zu verteidigen. Wer Gustls Ehre missachtet, sollte nach den Normen des Standesdenkens dafür geradestehen. Doch als der Bäckermeister ihn entehrt und es für Gustl keine Möglichkeit gibt, entschlossen auf den Affront zu reagieren, sieht er als einzig akzeptablen Ausweg seine Selbsttötung. Gustls Ehrenhaftigkeit steht nun auf dem Prüfstand. Wie konsequent kann und will er seine Ehre – und die seines Standes – verteidigen? Vor diese Frage sieht sich der junge Leutnant in dieser Nacht gestellt und scheitert an einer klaren persönlichen Haltung, zumal er einen Typus präsentiert, der nur wenige individuelle Züge besitzt; er ist und bleibt ein naiver und »dummer Bub« (S. 15).

Der überforderte Leutnant

Der gesamte Gedankenstrom, aus dem die Novelle besteht, offenbart seine Hilflosigkeit in seiner Krise, der ersten existenziellen Herausforderung in seinem Leben. Das verwundert nicht: Er ist von Jugend auf indoktriniert worden zu einer Ideologie aus Nationalismus, Antisemitismus und -sozialismus sowie Militarismus, die ihn völlig beherrscht und aus der er sich nicht befreien kann. Hätte er wenigstens einen klugen und erfahrenen Menschen, einen Freund oder eine Freundin, um Rat fragen können, hätte der ihm vielleicht die Einseitigkeit, die Enge, die Verlogenheit seines Welt- und Menschenbildes erklären und ihn so zu besinnender Selbsterkenntnis, vielleicht auch zu einem stabilen Selbstvertrauen bringen können. Stattdessen kreist er hilflos in den anerzogenen Begriffen von Ehre und Mannesstolz – das Opfer einer vieljährigen Militärdressur, die er im Kreis Gleichgesinnter, also ohne ausreichend Kontakt zu anderen Menschen und ohne differenzierte Denkanstöße, durchlaufen musste.

Zu keiner Selbstkritik fähig

Gustl ist immer darauf angewiesen, sich sein Verhalten von anderen Figuren bestätigen zu lassen, weil er kein ausgeprägtes Selbstbewusstsein besitzt. Eigene Schwächen gibt er nicht zu, projiziert sie vielmehr immer auf andere Figuren; selbst für seine Langeweile während des Oratoriums sucht er Schuldige: Sein Kamerad Kopetzky ist zunächst dafür verantwortlich, weil er ihm die Eintrittskarte geschenkt hat, dann ist Steffi schuld, weil er ursprünglich mit ihr verabredet war (S. 8 f.), wenig später ist sein Kamerad Ballert der Bösewicht, weil dieser Gustl am Vorabend beim Kartenspiel 160 Gulden abgenommen hat und Gustl deswegen für einige Zeit die Finger vom Glücksspiel lassen muss (S. 9 f.).

»Und was hab' ich denn vom ganzen Leben gehabt?«

Gustls Langeweile, die ihn nicht nur im Konzert plagt, wird schon im ersten Satz der Novelle – »Wie lang wird denn das noch dauern?« (S. 7) – als wichtiges Motiv seines Lebens thematisiert. Sie ist – unabhängig vom Oratorium – das Resultat seines monotonen Militärdienstes, der völlig ritualisiert ist und ihm keine existenzielle Erfüllung bietet. Stattdessen ergeht er sich – als Ersatzbefriedigung – in zahllosen kurzen Frauenabenteuern und in seiner Spielsucht. Auch seine Aggression, die er im Dienst nicht ausleben kann, eher von diesem sogar geschürt wird, reagiert er spontan ab, etwa am Bäckermeister und am Doktor, mit dem er sich am folgenden Tag duellieren möchte. Das Einzige, was Gustls Leben noch Sinn geben könnte, wäre ein Krieg: »Etwas hätt' ich gern noch mitgemacht: einen Krieg – aber da hätt' ich lang' warten können …« (S. 31).

Gegen einen Krieg und seinen möglichen Tod in einer Schlacht hat er nichts einzuwenden, wenn wir ihm glauben dürfen, weil er dann auf dem vermeintlichen »Feld der Ehre« (S. 40) fallen würde. Aber vor seinem Selbstmord hat er fürchterliche Angst; sie macht ihn kopflos; plötzlich bekommt er »so ein blödes Herzklopfen« (S. 36). Gustl versucht kurzfristig, sein Angstgefühl einer anderen Ursache als dem Selbstmordvorhaben zuzuschreiben: »Das wird doch nicht deswegen sein … Nein, o nein … es ist, weil ich so lang' nichts gegessen hab'.« Aber sofort ist das blanke Entsetzen wieder da: »Angst hast Du – Angst« (S. 36).

■ Angst vor der Selbsttötung

Als der Leutnant im Kaffeehaus vom plötzlichen Tod des Bäckermeisters erfährt, kommt eine Selbsttötung für ihn nicht mehr in Frage; die wäre aber immer noch nötig, um seine militärische Ehre wiederherzustellen: Seine Entehrung ist durch den Tod von Habetswallner noch nicht aus der Welt. Damit hat der Leutnant seine eigene Definition von Ehre *ad absurdum* geführt: Gustl gibt zunächst vor, unter Ehre ein Gut zu verstehen, das dem Individuum nicht in erster Linie durch eine urteilende Gesellschaft zugeschrieben wird, sondern vor allem auf einer Selbstbeurteilung beruht. Er behauptet, in seiner Ehre vornehmlich deshalb verletzt zu sein, weil er seinen eigenen an sich selbst gerichteten Ansprüchen nicht gerecht geworden ist (»Ich weiß es doch, und das ist die Hauptsache!« [S. 19], »so weiß ich's … ich weiß es … und ich bin nicht der Mensch, der weiter den Rock trägt und den Säbel, wenn ein solcher Schimpf auf

■ Glimpfliches Ende

ihm sitzt!« [S. 21]), verdeutlichen die letzten Seiten der Novelle: Gustl ging es vielmehr darum, seine Ehre als Wert, der ihm von seinem Umfeld zuerkannt wird, zu retten: Sobald feststeht, dass die Außenwelt von seinem unehrenhaften Verhalten nicht mehr erfahren kann, sieht Gustl keine Notwendigkeit mehr, seine Entschlossenheit und Tapferkeit durch einen Suizid unter Beweis zu stellen.

Bäckermeister Habetswallner

Als Gustl nach dem Oratorium einen Streit mit Habetswallner anzettelt, erkennt er in ihm den Bäckermeister, der auch in dem von ihm selbst häufig besuchten Kaffeehaus seit Jahren Gast ist. Fortan bezeichnet er seinen Gegner als Bäckermeister. Erst als der Kellner von dessen Tod Bericht erstattet, erfahren wir seinen Nachnamen; Gustls Familienname aber gibt der Autor nicht preis.

Habetswallner ist ein angesehener Geschäftsmann, der sein geliebtes Kaffeehaus-Ritual nicht missen möchte, »der jeden Nachmittag neben die Herren Offiziere seine Tarokpartie hat … mit'n Herrn Schlesinger und 'n Herrn Wasner von der Kunstblumenhandlung vis-à-vis!« (S. 43)

Der »dumme Bub«

Ein Schlüsselwort der Novelle ist der »dumme Bub« (S. 15), als den der Bäckermeister den Leutnant bezeichnet, was eventuell gar nicht böse, sondern eher mitleidig von ihm gemeint ist. Gustl benimmt sich in seinem anerzogenen Standesdünkel so arrogant gegenüber einem lebenserfahrenen, reifen Menschen, dass dieser ihn fast väterlich als das bezeichnet, was er wirklich ist: ein dummer Junge.

Offenbar ist Habetswallner nicht nur an seinem Handwerksberuf interessiert, sondern darüber hinaus ein halbwegs musischer, für Höheres empfänglicher Mensch, da er ein klassisches Konzert besucht. Nach Gustls Beleidigung reagiert er selbstbewusst und ruhig, im Unterschied zu seinem streitbaren und ängstlichen Widerpart (S. 15). Habetswallner kennt den Verhaltenskodex des Militärs sehr genau, er weiß, dass Gustl ihn töten müsste, deshalb hindert er ihn unverzüglich daran, seinen Säbel zu ziehen. Der Bäckermeister möchte dem aufgebrachten Leutnant und seiner Karriere gleichwohl nicht schaden, deshalb reagiert er souverän, beinahe väterlich und fürsorglich: »So, hab'n S' keine Angst, 's hat niemand was gehört … es ist schon alles gut … so!« (S. 16)

■ Musischer Bäckermeister

Gustl dagegen ist überhaupt nicht in der Lage, Habetswallners Fürsorge zu schätzen, weil er nur auf seinen von Teilen der Wiener Gesellschaft zu Beginn des 20. Jahrhunderts bereits als anachronistisch erachteten militärischen Ehrbegriff fixiert ist. Und am Ende der Novelle, nachdem der Bäckermeister an einem Schlaganfall verstorben ist, beleidigt der Leutnant seinen Gegner, indem er die von Habetswallner gebackene »Semmel« (S. 45), eine Metapher für dessen souveräne bürgerliche Weltanschauung, aber auch für seinen Körper, Stück für Stück genussvoll isst: »Komisch, wie ich mir da immerfort die Semmel ein-

■ Habetswallner ist tot

brock', die mir der Herr Habetswallner gebacken hat!« (S. 45) Obendrein erhebt er den Verstorbenen voller Hohn in den Adelsstand: »Schmeckt mir ganz gut, Herr von Habetswallner! Famos!« (S. 45) Der Autor spielt hier auch mit dem zweideutigen »einbrocken«: Habetswallner hat Gustl etwas eingebrockt, ihn in eine peinliche Lage gebracht; nun aber ist Gustl handelndes Subjekt, er brockt sich selbst die Semmel ein.

Kopetzky

Der einzige Kamerad, der Gustl beim Militär nähersteht, ist Kopetzky. Der Leutnant erwähnt ihn in seinem Monolog fünfundzwanzigmal und hebt seinen Stellenwert hervor: »Außer'm Kopetzky könnt' ich allen gestohlen werden … der Kopetzky ist doch der Einzige…« (S. 29). Der Leser fragt sich sofort, was nach »der Einzige« folgt? Freund? Wohl kaum, Kopetzky ist eher ein Kamerad, mit dem er seine Freizeit im Kaffeehaus und vielleicht im Bordell verbringt.

■ Kopetzkys Kartengeschenk: Oratorium

Kopetzky hat Gustl für das Konzert ein Billet geschenkt, das er widerwillig angenommen hat. Er hat sich nicht getraut, es abzulehnen, denn »da wär' der Kopetzky beleidigt gewesen.« (S. 7)

■ Kann Kopetzky helfen?

Als Gustl wieder eine Todesangst-Attacke hat (S. 18 f.), kommt er auf den Gedanken, bei ihm Rat zu suchen: »Wie wär's, wenn ich mit dem Kopetzky spräch'? … Ja, es wär' doch das Vernünftigste« (S. 19). Aber der Leutnant ist derart in Angst und Scham befangen, dass er nicht in der Lage ist, sich ihm oder anderen Personen mitzuteilen. Gustl spielt zwar mit dem Gedanken, seinem Kameraden einen Brief zu schreiben, in dem er ihm »die ganze G'schicht'« (S. 35) mitteilt, aber auch das setzt er nicht um.

■ Abschiedsbrief?

Steffi und andere Frauen

Steffi ist Gustls Geliebte, die er sich mit einem reichen und ahnungslosen Rivalen teilt. Sie ist wohl eine Prostituierte, darauf deutet die rote Laterne in ihrer Wohnung hin (S. 24). Der Leutnant ist nicht in Steffi verliebt, für ihn ist sie lediglich als Sexualpartnerin von Interesse: »wenn man nur gelegentlich engagiert ist und ein anderer hat die ganzen Unannehmlichkeiten, und ich hab' nur das Vergnügen« (S. 33 f.). Gustl ist auch überhaupt nicht in der Lage, eine innige Beziehung zu Steffi, deren präzises Alter er noch nicht einmal kennt (S. 10), aufzubauen; selbst dass sie einen weiteren Liebhaber hat, der sie aushält, lässt ihn auf den ersten Blick kalt: »dann geht sie mit ›ihm‹ nach Haus … Nichts liegt mir dran, gar nichts!« (S. 24)

Allerdings stört ihn, dass er sich dem Terminplan ihres Freiers, dessen vermutete Zugehörigkeit zum Judentum er zum Anlass für weitere antisemitische Überlegungen nimmt (S. 9), unterwerfen muss: »die ewige Absagerei von der Steffi« (S. 30). Seine Eifersucht sucht Gustl zu verdrängen, versucht, sich mit der Situation abzufinden, zumal er Steffi sexuell sehr attraktiv findet: Sie geht ihm während des gesamten Mo-

■ »die ewige Absagerei von der Steffi«

nologs nicht aus dem Kopf, er erwähnt ihren Namen immerhin neunundzwanzigmal auf den 39 Seiten.

Der bindungsunfähige Leutnant

Auch mit den anderen Frauen, mit denen er Sex hatte, konnte er keine stabile und vertrauensvolle Beziehung führen; er betrachtet Frauen vielmehr als austauschbare Ware: »Ob so ein Mensch Steffi oder Kunigunde heißt, bleibt sich gleich. – –« (S. 31) Er verachtet sie sogar: »Es ist doch keine was wert …« (S. 14). Womöglich hat ihn sein erstes sexuelles Erlebnis als »Bub« (S. 27) in einem Bordell traumatisiert; er erinnert sich an seine Schamgefühle gegenüber dem Vater und seiner Schwester Klara (S. 27).

Heiratswunsch?

Zusätzlich liegt es wohl auch an seinem geringen Gehalt und seinen Spielschulden, dass er nicht heiraten kann. Offiziere mussten, wenn sie heiraten wollten, eine hohe Heiratskaution hinterlegen, die für die Witwenpension und die Versorgung der Waisen gedacht war.

Gleichwohl, so meint Gustl, hätte eine Heirat für ihn sexuelle Vorteile, weil er dann nicht mehr andere Frauen erobern müsste – allerdings degradiert er die potenzielle Ehefrau zur frei verfügbaren Ware: »Hat schon was für sich, so immer gleich ein hübsches Weiberl zu Haus vorrätig zu haben …« (S. 13).

Der Säbel als Phallussymbol

Definiert man den Säbel als Phallussymbol, so plagen den Leutnant, mit Sigmund Freud gedacht, vielleicht auch Kastrationsängste, die sein Frauenbild aggressiv verzerren: Habetswallner hat schließlich im Foyer des Musiksaals seinen Säbel ergriffen, ihn also symbolisch kastriert: »Gustl wird in dieser Situation nicht nur um die Darstellung eines Zeichens seiner Kaste gebracht, er wird symbolisch seiner Männlichkeit beraubt.«[3] Seine Enttäuschung darüber und seine seit Jahren angestauten Aggressionen und Minderwertigkeitskomplexe projiziert er womöglich unbewusst auf Frauen, um sein psychisches Gleichgewicht zu bewahren. Als Feindbild gelten ihm besonders jüdische Frauen, obwohl er sie zugleich begehrt: »Die da ist nett … Wie sie mich anschaut! … O ja, mein Fräulein, ich möcht' schon! … O, die Nase! – Jüdin … […] nicht einmal ein Oratorium kann man mehr in Ruhe genießen …« (S. 14).

Begehrliche Blicke/ Wunschphantasie

Im Konzert fällt auf, dass er etliche Damen beobachtet und sich einbildet, sie könnten Interesse an ihm haben. Das aber scheint eher sein Wunschdenken zu sein; er projiziert sein sexuelles Begehren auf die Frauen: »Wie sie mich anschaut!« (S. 14) oder »Kokettiert hat sie genug … so jung war die – am End' war die gar noch eine Unschuld! …« (S. 42)

Wahre Liebe?

Einmal jedoch hat ihn eine Frau geliebt: »war doch die einzige, die Dich gern gehabt hat« (S. 33). Adele hat in einem »G'schäft« (S. 37) gearbeitet, sie war also keine Prostituierte. Auch scheint ihr Liebeskummer nach der Trennung authentisch gewesen zu sein (S. 33). Gustl kann nicht präzise sagen, weswegen er sie verlassen hat: Ist sie im zu »fad« (S. 33) geworden, weil er sie »jeden Abend« (S. 33) getroffen hat, oder

3 Klaus Laermann, »Leutnant Gustl«, in: *Arthur Schnitzler: Zur Diagnose des Wiener Bürgertums im Fin de siècle*, Stuttgart 1977, S. 119, zit. nach: Polt-Heinzl (s. Anm. 1), S. 20.

war es die »Angst« (S. 33), sie nicht mehr loszubekommen? Der Leutnant steht vor einem Rätsel: »Ich möcht' nur wissen, warum ich die aufgegeben hab' … so eine Eselei!« (S. 33)

Gustls Familie

Gustl denkt in seinem Monolog immer wieder mal an seine »Mama« (S. 10), seinen »Papa« (S. 10) und seine 28-jährige Schwester Klara. Seinen Vater erwähnt er allerdings nicht oft, weil er ihm die Schuld gibt, dass er das Gymnasium verlassen und die Kadettenschule besuchen musste, weshalb ihm eine akademische Ausbildung verwehrt blieb.

■ Die Mutter

Sobald er an seine Mutter denkt, stellt er sich vor, wie sie auf seinen Besuch (S. 28) oder seinen Tod (S. 28; 31; 40) reagieren würde, stellt sich bei ihm Mitleid ein: »Um Gotteswillen, die Mama! – Nein, nein, daran darf ich nicht denken. – Ah, nein, daran darf absolut nicht gedacht werden …« (S. 25).

■ Die Schwester

Seine Schwester bezeichnet Gustl als »ein so seelengutes Geschöpf« (S. 28): Sie schreibt ihm einen lieben Brief (S. 28), aber er bleibt ihr »noch immer die Antwort schuldig« (S. 28), obwohl er weiß, dass sie »nie Glück« (S. 28) im Leben hatte. Als junge Frau war Klara verlobt, aber ihre Beziehung ist gescheitert, weil ihr Vater die Mitgift nicht aufbringen konnte. Auch darum hat ihr Bruder sich »nicht viel […] gekümmert« (S. 27), schließlich hätte er – statt Spielschulden anzuhäufen – ihre Mitgift mitfinanzieren können.

Der Sohn und Bruder ist nicht in der Lage, eine innige Beziehung zu seiner Familie zu unterhalten, er bleibt trotz der liebevollen Schwester distanziert. Das erkennt er auch treffsicher: »Ja, ich bin halt der Sohn, der Bruder … aber was ist denn weiter zwischen uns?« (S. 34)

Distanz zur Familie

Seinen Onkel, einen vermögenden Landwirt, sieht er nur als Geldgeber an, der ihn gefälligst finanziell zu unterstützen hat, damit er seine Spielschulden bezahlen kann. Noch lieber wäre es ihm allerdings, wenn er von ihm »eine regelmäßige Sustentation« (S. 10) bekäme, weil er mit seinem Sold nicht auskommt.

Der Onkel

4. Form und literarische Technik

Innerer Monolog

Die damals innovative Erzählform des inneren Monologs, die Arthur Schnitzler für seine Novelle gewählt hat und die gerade das Besondere des Textes ausmacht, bringt es mit sich, dass der Leser den Inhalt nicht etwa von einem allwissenden, also auktorialen Erzähler erfährt, sondern das Geschehen erschließen muss, indem er Gustls Bewusstseinsstrom folgt. Somit erfasst der Leser das Geschehen ausschließlich aus der subjektiven Perspektive des Leutnants; sein Gedankenstrom ist die einzige Quelle, die über die Handlung Aufschluss gibt.

■ Gustls Gedankenwelt – hautnah

Schnitzlers Text dringt mit dem inneren Monolog – keine andere literarische Darstellungsform vermag das – in Gustls intimste Sphären vor. Wie die Szenerie eines impressionistischen Gemäldes bietet hier der innere Monolog für den Leser keinen definierten Ausgangspunkt. Unvermittelt sieht er sich hineinversetzt in den Gedankenfluss des 24 Jahre alten Protagonisten. Der Leser erlebt die Gedankenwelt und die scheinbar wirren Assoziationen des Leutnants hautnah, selbst die Außenwelt nimmt er nur aus dem Blickwinkel des Monologisierenden wahr, der sich immer wieder mit dem Selbstmord und der verlorenen Ehre, aber auch mit seinen zahlreichen Liebesaffären, seiner Familie, seinen Vorgesetzten, seinen Kameraden und seinem anstehenden Duell mit einem Rechtsanwalt auseinandersetzt.

Sprache des inneren Monologs

Der innere Monolog ist nicht mit der elegant formulierten Schriftsprache zu vergleichen, sondern orientiert sich als spontaner sprachlicher Abdruck innerer Vorgänge an der gesprochenen Sprache. Daher rühren immer wieder dialektale Wörter und Austriazismen wie zum Beispiel »Abschreiberei« (S. 9), »Veigerln« (S. 33) und »Hascherl« (S. 27 f.). Recht häufig verzichtet der verzweifelte Leutnant auf Vokale: »ausg'seh'n« (S. 10), »dasitz'« (S. 8) und »Kadettenschul'« (S. 12). Oft formuliert er keine vollständigen Sätze, sondern bricht vor innerer Aufgewühltheit mitten im Gedanken ab, die so entstehenden Leerstellen bezeichnet man als Ellipsen: »... Überhaupt schon ganz leer ...« (S. 16).

Militärjargon

Hin und wieder benutzt er Militärsprache, was nicht verwunderlich ist, schließlich hat die Armee ihn auch sprachlich sozialisiert. »Das durchgängige Weglassen von Anlauten oder anlautenden Silben (Aphärese) bzw. die Auslassung von Endbuchstaben oder Endsilben (Apokope) unterstreicht auch sprachlich die Anlehnung an die Ausdrucksweise eines einfachen jungen Soldaten.«[4] Brutal wirkt Gustls Ausdrucksweise, als er im letzten Satz der Novelle seinen Aggressionen freien Lauf lässt, als er sich auf das anstehende Duell mit dem Doktor freut: »Ich bin grad gut aufgelegt ... Dich hau' ich zu Krenfleisch!« (S. 45)

4 Polt-Heinzl (s. Anm. 1), S. 5.

Das anstehende Duell mit dem Doktor geht ihm während des gesamten Monologes nicht aus dem Sinn, seine Angst überspielt er mit einer tautologischen Formulierung: »Ja, übermorgen bin ich vielleicht schon eine tote Leiche!« (S. 8) Auch über seine Beerdigung macht sich Gustl lustig, aber man nimmt ihm seine vordergründige Unbekümmertheit nicht ab, der Satz spiegelt ungewollt seine Todesangst ironisch wider: »Morgen ist mein Todestag – fünfter April. – – Ob sie mich nach Graz überführen? Haha! da werden die Würmer in Graz eine Freud' haben!« (S. 31)

■ Gustl überspielt seine Todesangst sprachlich

■ Diminutiv

Das Diminutiv ist eine grammatische Verkleinerungsform eines Substantivs, es verniedlicht Personen oder Gegenstände oder es wertet sie ab: statt Gustav oder August eben Gustl. Und wenn der Leutnant über Frauen redet, benutzt er zuweilen das Diminutiv: »Weiberl« (S. 13), »Schwesterl« (S. 28) und »liebes G'sichtel« (S. 41).

■ Direkte Rede im inneren Monolog

In den inneren Monolog sind drei Sequenzen mit direkter Rede eingebaut: 1. Gustl erinnert sich im Konzert, wie es zur Duellforderung mit seinem Gegner, dem Rechtsanwalt, kam (S. 12). Sein Gegner hat ihn mit dieser Aussage beleidigt: »Sie werden mir doch zugeben, dass nicht alle Ihre Kameraden zum Militär gegangen sind, ausschließlich um das Vaterland zu verteidigen!« (S. 12) 2. Während des Streits mit dem Bäckermeister (S. 15 f.) taucht die direkte Rede wieder auf. 3. Zuletzt ist die Unterhaltung zwischen dem Leutnant und dem Kellner im Kaffeehaus in wörtlicher Rede dargestellt (S. 43 f.).

Raumstruktur

Die Novelle wird von Gustls Gedanken zu einem anstehenden Duell umrahmt. Während des Konzerts geht dem Leutnant das Duell in zwei Tagen durch den Kopf: »Warten S' nur, Herr Doktor, Ihnen wird's vergeh'n, solche Bemerkungen zu machen! Das Nasenspitzel hau' ich Ihnen herunter ...« (S. 8). Und der letzte Satz der Novelle drückt seine Freude aus, seinen Gegner im Duell zu töten: »Dich hau' ich zu Krenfleisch!« (S. 45)

Lieutenant Gustl ist in zwei Teile aufgeteilt: 1. Die Handlung beginnt in einem Wiener Konzerthaus, in einem kulturellen Raum, in dem sich Gustl alles andere als wohlfühlt. Im Foyer kommt es schließlich zur Auseinandersetzung mit dem Bäckermeister. Danach marschiert Gustl durch die Stadt, von der Ringstraße über die Aspernbrücke, die Praterstraße und die Praterallee. Im menschenleeren Prater – der im Kontrast zum gefüllten Konzertsaal steht – setzt er sich auf eine Bank und schläft ein (S. 32). Der Schlaf bildet die Zäsur in der Novelle.

■ Novelle besteht aus zwei Teilen

2. Als er nach rund drei Stunden aufwacht, macht sich Gustl zurück auf den Weg in die Innenstadt. Als Erstes fällt sein Blick – um »[h]alb vier« (S. 34) – auf den Nordbahnhof. In seiner Nähe steht die Tegetthoffsäule, die zu Ehren des Admirals Wilhelm von Tegetthoff (1827–1871) errichtet wurde. Gustl schaut sich ehrfurchtsvoll dieses militärische Vorbild an: »so lang hat sie noch nie ausg'schaut« (S. 34). Da-

■ Rückweg in die Innenstadt

nach geht der Leutnant in eine Kirche (vielleicht in den Stephansdom), dann führt ihn sein Weg in Richtung Burghof (die Wiener Hofburg, damalige kaiserliche Residenz) und über die Ringstraße, bis er schließlich in seinem Stamm-Kaffeehaus, also wieder in der Gesellschaft, ankommt, wo er sich heimisch fühlt – wie übrigens auch der Bäckermeister , der dort bis zu seinem unerwarteten Tod zwanzig Jahre lang »jeden Nachmittag neben die Herren Offiziere seine Tarokpartie« (S. 43) gespielt hat.

Zeitstruktur

Gustls Odyssee spielt sich am 4. und 5. April 1900 innerhalb von rund acht Stunden ab: von 21.45 Uhr bis ungefähr 5.45 Uhr. Im Verlauf seines Monologes erwähnt der Leutnant mehrmals die Uhrzeit, so ermöglicht er dem Leser die objektive zeitliche Orientierung. Die subjektive Zeit, die Gustl indes erlebt, dehnt sich zuweilen. Als er sich während des Oratoriums langweilt, kommt es ihm so vor, als ob er »schon drei Stunden in dem Konzert« (S. 7) sitzt. Seine Todesangst verlangsamt sein Zeitempfinden signifikant. Zwei Stunden nach der Auseinandersetzung mit dem Bäckermeister stellt er erstaunt fest: »Es ist grad, als wenn hundert Jahr' seitdem vergangen wären« (S. 29).

■ Gustls Zeitempfinden

Als Gustl schließlich im Kaffeehaus erfährt, dass der Bäckermeister in der Nacht verstorben ist, normalisiert sich sein Zeitempfinden, weil er überglücklich und frei von quälenden Todesängsten ist. Nun dik-

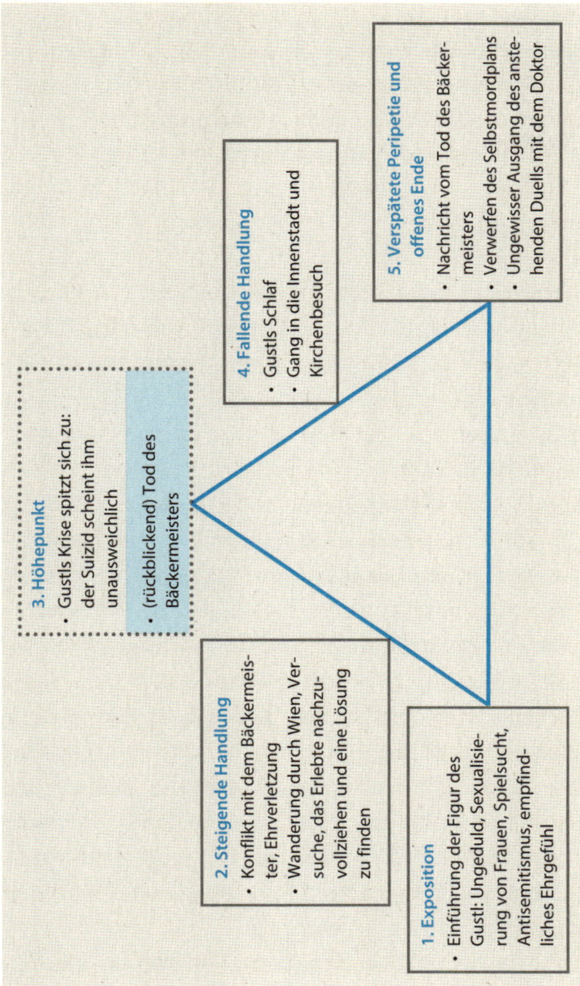

Abb. 5: Werkaufbau

tiert ihm das Militär die objektive Zeit wieder, er fühlt sich jetzt endlich wieder geborgen. Sein Zeitplan gibt ihm Sicherheit: »In einer Viertelstund' geh' ich hinüber in die Kasern' […] um halb acht sind die Gewehrgriff', und um halb zehn ist Exerzieren.« (S. 45)

Novelle

Arthur Schnitzler bezeichnet *Lieutenant Gustl* als Novelle; die formalen Aspekte dieser literarischen Gattung haben auch Einfluss auf den Aufbau des Textes. Die Entstehung dieser Gattung fällt in die italienische Frührenaissance. Der Begriff wird von dem italienischen Wort *novella* (›Neuigkeit‹) abgeleitet. Als bedeutendster Mitbegründer dieser literarischen Form gilt Giovanni Boccaccio (1313–1375), seine Novellensammlung *Il Decamerone* wurde gattungsprägend.

Novellentypisches

Seit Langem diskutiert die Forschung, wie die Novelle zu definieren sei. Einige der wichtigsten Merkmale, die wir auch im *Lieutenant Gustl* finden, seien erwähnt. Zunächst handelt es sich bei einer Novelle um eine kurze Erzählung in Prosa. Im Unterschied zum Roman finden wir in der Novelle in der Regel nur einen Handlungsstrang, der in sich abgeschlossen ist: In *Lieutenant Gustl* dreht sich alles um die verlorene Ehre des Protagonisten und seine letzten Stunden vor dem geplanten Selbstmord.

Novelle = »Schwester des Dramas«

Zu Recht hat Theodor Storm (1817–1888) die Novelle als »Schwester des Dramas« bezeichnet. Dramengleich ist schon der Aufbau von Schnitzlers Text:

Er beginnt mit einer Exposition, sie beschreibt Gustls Charakter und stellt Motive vor – wie zum Beispiel Langeweile, Ehre, Duell, Frauenaffären –, die sich durch die komplette Handlung ziehen. Dann steigert sich die Handlung durch die Auseinandersetzung mit dem Bäckermeister und gipfelt im Höhepunkt (Klimax) mit Gustls Krise um Mitternacht. Der Wendepunkt (Peripetie), der plötzliche Tod des Bäckermeisters, von dem Gustl und damit auch der Leser erst nachträglich erfahren, fällt ironischerweise auf die gleiche Uhrzeit: »um zwölf der Schlag getroffen« (S. 43). Die fallende Handlung leitet der traumlose Schlaf Gustls ein, und sie setzt sich mit seiner Rückkehr in die Stadt fort. Lediglich das Ende – im Drama kommt es hier in der Regel zur Katastrophe – verläuft für den Leutnant in überraschender Weise friedlich.

Leit- und Dingsymbole

Häufig findet man in der Novelle Leit- und Dingsymbole, die sich durch die ganze Erzählung ziehen. Leitmotive sind hier vor allem Gustls verlorene Ehre, der geplante Selbstmord und der »dumme Bub« (S. 15). Das zentrale Dingsymbol ist der Säbel des Leutnants, der seine Standesehre symbolisiert.

5. Quellen und Kontexte

Die k. u. k. Doppelmonarchie Österreich-Ungarn und das Fin de Siècle

Die Doppelmonarchie existierte von 1867 bis 1918; sie endete nach dem Ersten Weltkrieg mit dem Austritt Ungarns. Die Union beider Länder und ihre gemeinsamen Institutionen, wie etwa die Armee und die Post, bezeichnete man als k. u. k. (kaiserlich und königlich). Das erste »k.« steht für den Titel Kaiser von Österreich, das zweite für den des Apostolischen Königs von Ungarn. Beide Titel trug der Monarch der Realunion, Franz Joseph I., der von 1867 bis zu seinem Tod 1916 herrschte.

Die mächtige Doppelmonarchie war nach Russland und dem Deutschen Reich von den Bevölkerungszahlen her der drittgrößte europäische Staat. Ab 1878 verwaltete die Monarchie noch die Länder Bosnien und Herzegowina, die sie schließlich 1908 annektierte.

Es blieb nicht aus, dass es in diesem Vielvölkerstaat immer wieder zu Spannungen kam. In einer Zeit, in der das nationale Bewusstsein vieler Länder erstarkte, sollte die Doppelmonarchie nicht mehr lange Bestand haben.

■ Doppelmonarchie und österreichische Schriftsteller

Die Spannungen in der k. u. k. Doppelmonarchie registrierten auch ihre führenden Schriftsteller – wie etwa Robert Musil, Hermann Broch, Karl Kraus, Hugo von Hofmannsthal und Arthur Schnitzler – regelrecht seismografisch in ihren Werken. Sie beschrieben

Abb. 6: Kaiser Franz Joseph I (1830–1916): Postkarte zum 50. Thronjubiläum 1898 – © akg-images

vor dem Ersten Weltkrieg die ausgehende Epoche in all ihren Facetten: Sie thematisierten Endzeitstimmung, Zukunftsängste, aber auch Euphorie, Vergänglichkeit, Frivolität, Weltschmerz und die Menschen als Masse. Im Windschatten von Charles Baudelaire und Friedrich Nietzsche spielte die Dekadenz, also der Verfall der kulturellen Werte, eine bedeutende Rolle, weil sie der avantgardistischen Kunst den Weg ebnete.

Diese Stimmungen und Befindlichkeiten zeichnen das sogenannte Fin de Siècle aus. Diese Bezeichnung taucht zum ersten Mal 1886 in der Zeitschrift *Le Décadent* auf, und 1891 veröffentlicht Hermann Bahr, der theoretische Kopf der Wiener Moderne, seine Novel-

Fin de Siècle

le *Fin de siècle*. Sie präsentierte eine künstlerische Gegenkultur zu der durchrationalisierten Lebenswelt der Großstädte, die auch gegen die konservativen Bürger opponierte, indem sie einem Ästhetizismus frönte, der vom Dandy, Snob, der Femme fatale und der Boheme geprägt wurde. Im Mittelpunkt stand eine radikale Ich-Bezogenheit, die von Künstlern ästhetisch perfektioniert wurde; dabei spielte – wie etwa bei Baudelaire – der rauschhafte Lebensgenuss eine bedeutende Rolle.

■ Das Ende des Fin de Siècle

Das Fin de Siècle war nur eine kurze literarische Epoche, auch weil der Vielvölkerstaat, die Doppelmonarchie, kollabierte, als der designierte Nachfolger von Franz Joseph I., der Erzherzog Franz Ferdinand, der den Ländern mehr Selbstbestimmung zugestehen wollte, am 28. Juni 1914 in Sarajevo (Bosnien) dem Attentat eines Mitglieds der serbisch-nationalistischen Bewegung ›Junges Bosnien‹ zum Opfer fiel. Schließlich begann am 28. Juli 1914 mit der Kriegserklärung der Doppelmonarchie an Serbien der Erste Weltkrieg.

Wiener Moderne

■ Literarische Wiener Moderne

Arthur Schnitzlers frühes Schaffen wird auch in die sogenannte Wiener Moderne (1890–1910) eingeordnet. Sie umfasst das gesamte kulturelle Leben in Wien: Musik, Malerei, Literatur, Architektur, Bildhauerei, Philosophie, Sozial- und Naturwissenschaften, Jura, Medizin, Psychoanalyse und Wirtschaftswissenschaften.

Abb. 7: Gustav Klimt: Der Kuss (1907/08)

Die Vertreter dieser literarischen Strömung waren nicht nur in Wien tätig, sondern auch in Berlin, München und Prag. In Wien war das Café Griensteidl ihr zentraler Treffpunkt. Hier tauschten Schnitzler, Hugo von Hofmannsthal, Richard Beer-Hofmann, Hermann Bahr und Peter Altenberg ihre Gedanken aus. Diese Künstler wendeten sich gegen den Naturalismus, schon 1891 erschien Bahrs Text *Die Überwindung des Naturalismus*.

Naturalismus, literarische Epoche

Der Naturalismus weitete sich im letzten Drittel des 19. Jahrhunderts zu einer europäischen Literaturbewegung aus. In Deutschland gehörten etwa Gerhart Hauptmann und Arno Holz zu seinen Vertretern, in Frankreich Émile Zola, die Galionsfigur dieser literarischen Epoche. Er reagierte mit seinen Romanen, etwa dem berühmten Bergwerksroman *Germinal*, auf die massiven Veränderungen im Zuge der sich explosionsartig entwickelnden industriellen Revolution: In den großen Städten führten Arbeitslosigkeit und Überbevölkerung zur Verarmung weiter Teile der Bewohner. Was den bürgerlichen Autoren als Thema noch verpönt war, zum Beispiel die Elendsquartiere der Städte, die Fabriken, Prostituierten, Alkoholiker, Geisteskranken und Kneipen, wurde nun zum literarischen Gegenstand erhoben.

»Kunst = Natur – X«

Vor diesem Hintergrund formuliert Arno Holz seine berühmte Kunstformel: »Kunst = Natur – X«. Das naturalistische Kunstwerk soll die Natur, und damit auch die gesellschaftliche Realität, objektiv wiedergeben. Dies gelingt aber nicht vollständig, weil der Faktor X, der unvollkommene Künstler, dazu nicht immer in der Lage ist.

Wissenschaft als Vorbild

Um ihre Gesellschaftskritik glaubhaft zu vermitteln, verzichteten die Autoren auf moralische Hinweise: die Leser sollten allein durch objektive und vorurteilsfreie Darstellungen der erzählten Welt zu einem Urteil gelangen. Dabei orientierten sich die Autoren an den zeitgenössischen Wissenschaften, die sich um eine objektive Darstellung der Wirklichkeit bemühten: Sie waren Vertreter des Positivismus und Empirismus und zogen Erkenntnisse der Soziologie, Biologie und Psychologie zu Rate.

Auch die Vertreter der Wiener Moderne orientierten sich an den Wissenschaften, etwa an der Sprachphilosophie Ludwig Wittgensteins, der Erkenntnistheorie Ernst Machs und an der Psychoanalyse Sigmund Freuds, der mit seiner *Traumdeutung* (1899) und anderen Werken für Furore sorgte, weil er unter anderem die Sexualität, damals ein Tabuthema, offen thematisierte.

■ Wiener Moderne: wissenschaftsorientiert

Im Unterschied zu den Naturalisten proklamiert Hermann Bahr – der theoretische Vordenker der Wiener Moderne – »die Abkehr vom naturalistischen Interesse an der sozialen Außenwelt und die Hinwendung zur psychologischen Darstellung der ›nervösen‹ Innenwelt.«[5] In dieser spiegelt sich die Welt auf vielfältige Weise, eine objektive Erkenntnis der Welt ist daher nicht möglich. Die Konstanten menschlicher Wahrnehmung – Raum und Zeit, Subjekt und Objekt – erklärte die Moderne zu relativen Größen.

■ Hermann Bahr liefert die theoretischen Grundlagen

Begriffe wie Desorientierung, Diskontinuität, Inkohärenz, Irrealität und Fragmentarisierung kennzeichneten den Vorgang des umfassenden Realitätszerfalls, den schon Friedrich Nietzsche diagnostiziert hatte. Daher müsse auch der Mensch neu definiert

■ Friedrich Nietzsche als Vorbild

5 Hee-Ju Kim und Günter Saße, »Vorwort«, in: *Interpretationen. Arthur Schnitzler: Dramen und Erzählungen*, hrsg. von H.-J. K. und G. S., Stuttgart 207, S. 10.

werden. Das denkende Ich, jene Kategorie, in der René Descartes noch eine sichere Erkenntnis verankert wusste, entlarvt Nietzsche noch vor der Psychoanalyse als instabil und einer Vielfalt von Eindrücken unterworfen: »all unser sogenanntes Bewußtsein [ist] ein mehr oder weniger phantastischer Kommentar über einen ungewußten, vielleicht unwißbaren, aber gefühlten Text.«[6] Für Nietzsche, den die Wiener Modernen bewunderten, besteht damit das Bewusstsein aus einer unberechenbaren Vielheit ohne einheitliches Zentrum.

Ernst Mach: Physiker und Philosoph

Diese Analyse greifen auch andere Wissenschaftler und Künstler auf. So etwa der Physiker Ernst Mach, von dessen Erkenntnissen auch Hermann Bahr in seinen literaturtheoretischen Schriften profitierte. Mach geht wie Nietzsche davon aus, dass das Ich bzw. das erkennende Subjekt nicht eindeutig definiert werden kann, weil es sich aus Empfindungskomplexen zusammensetzt. Eine Anekdote aus Machs Jugend verdeutlicht das anschaulich: »An einem heitern Sommertage im Freien erschien mir einmal die Welt samt meinem Ich als eine zusammenhängende Masse von Empfindungen, nur im Ich stärker zusammenhängend.«[7]

6 Friedrich Nietzsche, *Kritische Studienausgabe in fünfzehn Einzelbänden*, hrsg. von Giorgio Colli und Mazzino Montinari, Bd. 13: *Nachgelassene Fragmente,* München [u. a.] [2]1988, S. 387.

7 Ernst Mach, *Analyse der Empfindungen und das Verhältnis des Physischen zum Psychischen*, Jena [6]1911, S. 24.

Mach beschwört hier ein Erlebnis herauf, bei dem ihm zum ersten Mal bewusst wird, dass Welt (Objekt) und Ich (Subjekt) in einem ständigen Austausch miteinander stehen und nicht, wie viele Wissenschaftler annahmen, durch eine strikte Grenze voneinander getrennt sind. Das Ich unterscheidet sich lediglich von den anderen »Empfindungen« (Welt), weil sie im Ich stärker zusammenhängen. Das Ich zersplittert regelrecht in der Moderne, ebenso die gegenständliche Realität: Die Welt ist nicht stabil oder identisch mit sich selbst, sondern sie öffnet sich dem Ich als fließender Empfindungsstrom.

■ Die Grenze zwischen Subjekt und Objekt zerfließt

Wie kann nun ein Schriftsteller diese moderne Welt angemessen gestalten? Schnitzler gelingt das mit dem inneren Monolog: Mit ihm kann er das zerfaserte, äußerst sprunghafte Innenleben Gustls, das im permanenten Austausch mit den Empfindungen der Außenwelt steht, angemessen wiedergeben. Der Autor stellt die Gedankenwelt des Leutnants regelrecht impressionistisch dar. In Analogie zu den Malern des Impressionismus zeichnet er aus den sprachlichen Reflexen des inneren Monologes heraus ein Bild von der Bewusstseinslandschaft Gustls. Schnitzler verliert sich aber nicht in der Introspektion des Leutnants, sondern er verweist durch dessen Gedankenwelt auf gesellschaftliche Probleme wie etwa den Antisemitismus und einen in Teilen der Gesellschaft damals bereits als überholt geltenden, geradezu pathologischen Ehrbegriff, an dem die Mitglieder des Militärs mit Vehemenz festhielten.

■ Impressionistische Gedankenwelt Gustls

Duellwesen

In Europa wurden Duelle seit dem ausgehenden 15. Jahrhundert ausgetragen. Auslöser für ein Duell war die Beleidigung der Mannesehre, etwa in Form einer verbalen Herabsetzung, einer üblen Nachrede oder eines tätlichen Angriffs. Eine Beleidigung konnte, wenn der Gegner sich nicht dafür entschuldigte, nur durch ein Duell aus der Welt geschafft werden, um Genugtuung (Satisfaktion) zu erhalten. Dabei war der Ausgang des Duells völlig egal, beide Personen, ob tot, verletzt oder unversehrt, erhielten mit der Durchführung des Duells ihre Ehre wieder. Wenn aber ein Gegner das Duell verweigerte – was ihm laut Standesehre nicht gestattet war –, verlor er seine Satisfaktionsfähigkeit und galt damit als gesellschaftlich geächtet; denn er hatte nicht nur seine persönliche Ehre, sondern auch die seines Standes verletzt.

Duelle und Standesdenken

Das Duellwesen ging einher mit einem elitären Standesdenken, durch das sich bestimmte Kreise der Gesellschaft gegenüber den unteren Schichten – wie etwa Handwerkern – abgrenzten. Die Offiziere der k. u. k. Armee hatten einen ausgesprochen strengen Ehrbegriff, nicht zuletzt, weil das Offizierskorps maßgeblich aus Adeligen bestand. Offiziere, die ein Duell verweigerten, mussten sogar mit ihrer unehrenhaften Entlassung aus der Armee rechnen.

Duelle erscheinen aus heutiger Sicht ohne Zweifel als ausgesprochen veraltet und bizarr; aber sie verfolgten während ihrer Hochblüte klar definierte Ziele, den Offizieren ging es

> »ausdrücklich nicht um die Rache für eine erlittene Beleidigung, sondern um den Nachweis seines soldatischen Charakters. Dieser zeichnete sich idealerweise ›durch Gradlinigkeit, Entschlusskraft und Mut aus, der sich im Augenblick der Gefahr bis zur Lebensverachtung steigern könne. Ein Offizier, der diese Eigenschaften vermissen lasse, habe seinen Beruf verfehlt [...].‹ [...] Der Sinn dieser Praktiken bestand nicht zuletzt darin, ein gewisses kriegerisches Aggressionspotenzial der Offiziere auch in Friedenszeiten aufrechtzuerhalten, damit diese nicht im Ernstfall des Krieges durch zögerliches oder feiges Verhalten die Kampfkraft der Streitkräfte schwächten«.[8]

Duelle durften nur von satisfaktionsfähigen Personen, von Offizieren, Adeligen, Akademikern und auch Studenten, ausgetragen werden. Im 19. Jahrhundert erweiterte sich der Kreis der duellfähigen Personen um Bürgerliche aus der gehobenen Gesellschaft, weil ihr finanzieller Einfluss ihnen erhebliche Macht eingebracht hatte.

Satisfaktionsfähigkeit

Im 19. Jahrhundert wurden Duelle immer häufiger kritisiert, sie galten als barbarisch, unmoralisch und nicht mehr zeitgemäß. Zeitungen waren ein wichti-

Kritik am Duellwesen

8 Vorjans (s. Anm. 2), S. 139.

ges Instrument der liberalen und sozialdemokratischen Duellgegner:

> »Die millionenfache Verbreitung solcher Nachrichten und Analysen in der Tagespresse verhalf dem Duell zu einer – überwiegend negativen – Popularität, die es nie zuvor besessen hatte und die es in den letzten Jahrzehnten des Kaiserreichs zu einem Dauerthema politischer Diskussionen werden ließ.«[9]

In Österreich-Ungarn verbot Kaiser Karl I. im November 1917 das Duellwesen.

9 Ute Frevert, *Ehrenmänner – Das Duell in der bürgerlichen Gesellschaft*, München 1991, S. 234.

6. Interpretationsansätze

Die Novelle *Lieutenant Gustl* lässt sich unter mehreren Blickwinkeln interpretieren; die wichtigsten werden hier vorgestellt.

Vom Saulus zum Paulus?

Die Novelle beginnt mit einem weltbekannten Wandlungsmotiv, das auf die Formel, die Redewendung »Vom Saulus zum Paulus« reduziert wird. Es beschreibt die extreme Kehrtwende eines Menschen, der viele Fehler, auch kriminelle, begangen hat, der aber schließlich durch ein existenziell bedrohliches Ereignis zu einer moralischen Lebensweise findet.

Die Saulus/Paulus-Geschichte stammt aus der Bibel, aus dem Neuen Testament; der religiöse Eiferer Saulus verfolgt erbarmungslos die Urchristen, er nimmt sie gefangen und foltert sie. Auch auf seinem Weg nach Damaskus verfolgt er seine Feinde. Vor der Stadt sieht Saulus ein grelles Licht, das aus dem Himmel kommt; es ist so stark, dass er davon blind wird. Plötzlich hört er die Stimme Jesu, die ihn fragt: »Saul, Saul, warum verfolgst Du mich?«[10] Jesus befiehlt ihm, in die Stadt zu gehen, dort bekommt er sein Augenlicht wieder. Dieses Damaskus-Erlebnis, diese schwerwiegende existenzielle Krise, bekehrt den Mann zum Christentum, er lässt sich taufen und wird der erste Missionar der christlichen Lehre.

■ Damaskus-Erlebnis

10 Neues Testament, Apostelgeschichte 9,4.

Abb. 8: Saulus auf dem Weg nach Damaskus. Gemälde von Gebhard Fugel (1863–1939) – © Diözesenmuseum Freising, Foto: Walter Bayer

Am 4. April 1900 sitzt Gustl im Konzert und hört sich widerwillig Felix Mendelssohn Bartholdys *Paulus – Oratorium nach Worten der heiligen Schrift* an. Während des Konzertes setzt er sich nur mit wenigen Gedanken mit dem Oratorium auseinander. In Vorfreude auf das unmittelbare Konzertende schießt ihm ein Lob durch den Kopf: »Orgel hab' ich sehr gern … So, das lass' ich mir g'falln – sehr schön! Es ist wirklich wahr, man sollt' öfter in Konzerte gehen … Wunderschön ist's g'wesen« (S. 9).

Paulus und Oratorium: Eine Parallelgeschichte?

Saulus verfolgte die Urchristen mit seiner Wut, der Leutnant dagegen hasst Juden, Sozialisten, Zivilisten und Juristen. In Analogie zu Saulus ›erblindet‹ Gustl psychisch im Kontext seines Streits mit dem Bäckermeister vor lauter Wut und Hass und irrt fünf Stunden durch Wien. Saulus dagegen benötigte drei Tage und drei Nächte bis zu seinem Ziel in Damaskus, wo er sein bisheriges Leben bereut und Christ wird. Der Leutnant dagegen erreicht das Kaffeehaus und bereut nichts, im Gegenteil er ist in Gedanken schon bei dem Duell mit dem Doktor: »Dich hau' ich zu Krenfleisch!« (S. 34)

Gustl und die Religion

Gustl wertet schon auf der ersten Seite der Novelle die Religion ab: »Die Kirche hat auch das Gute, dass man jeden Augenblick fortgehen kann.« (S. 7) Ironischerweise wacht der ungläubige Leutnant bei einem militärischen Kirchenbesuch über die vermeintliche

Frömmigkeit seiner Soldaten: »ich hab' auf meine Leut' aufgepasst, ob sie andächtig sind« (S. 38). Als er vom Prater in Richtung Innenstadt marschiert, geht er in eine Kirche, denn »am End' ist doch was dran« (S. 38) und seiner »Mama wär's ein Trost« (S. 38). Hier zeigt er kurz Gefühle, er möchte weinen: »Am liebsten läg' ich da auf dem Steinboden und tät' heulen« (S. 38). Aber der von gesellschaftlichen Konventionen geleitete Gustl reißt sich zusammen, denn so was »darf man nicht tun!« (S. 38)

Plötzlich vernimmt der Leutnant eine »Melodie«, es ist dieselbe, die er am Vorabend im Konzert, dem Musikstück *Paulus. Oratorium nach Worten der heiligen Schrift* gehört hat. In diesem Oratorium thematisiert Mendelssohn die Wandlung des Saulus zum Paulus, des Pharisäers zum Apostel. Auch das Kirchenlied derselben Meldodie ruft zu Wandlung auf: »Wachet auf, ruft uns die Stimme«. Paulus ist die Wandlung gelungen, aber Gustl nicht, er ist unfähig, sich zu verändern.

Gustl und die Ehre

Zu Schnitzlers Zeit gehörten Duelle zum militärischen Alltag. Die Novelle wird von einem anstehenden Duell umrahmt. Während des Konzerts geht dem Leutnant das in zwei Tagen anstehende Duell durch den Kopf: »Warten S' nur, Herr Doktor, Ihnen wird's vergeh'n, solche Bemerkungen zu machen! Das Nasenspitzel hau' ich Ihnen herunter …« (S. 8). Und der letzte Satz der Novelle drückt seine Freude aus, weil er davon überzeugt ist, seinen Gegner im Duell zu töten: »Ich bin grad gut aufgelegt… Dich hau' ich zu Krenfleisch!« (S. 45)

Streit mit dem Bäckermeister

Für den heutigen Leser ist die Verletzung von Gustls Ehre durch den Bäckermeister, der nicht satisfaktionsfähig ist, mit den daraus folgenden Konsequenzen befremdlich und wirkt vielleicht wie eine Realsatire rund um das Mantelabholen.

Als Gustl nach dem Konzert zur Garderobe drängt, will er schleunigst seinen Militärmantel wiederhaben und geht dort mit dem Bediensteten unhöflich und aggressiv um: »Da hängt er! Na, hab'n Sie keine Augen? Da hängt er!« (S. 14) Dabei entspinnt sich im Gedränge ein Dialog zwischen Gustl und dem Bäckermeister Habetswallner. Es geht darum, wem wohl der Vortritt gebührt. Der Leutnant sieht sich von dem ihm flüchtig bekannten Bäcker in die Schranken gewiesen, obwohl der ihn nur um »Geduld, Geduld! […] Nur ein bisserl Geduld!« (S. 15) bittet. Der Handwerker verweigert dem Offizier, wie dieser glaubt, die angemessene Ehrerbietung. Der unbeherrschte Gustl beleidigt und provoziert den Bäckermeister: »Sie, halten Sie das Maul!« (S. 15). Sein Gewissen oder, mit Freud gesprochen, sein Über-Ich schaltet sich sofort ein, denn er weiß, diese Beleidigung wird den Streit eskalieren lassen: »Das hätt' ich nicht sagen sollen, ich war zu grob… Na, jetzt ist's schon g'scheh'n!« (S. 15)

Der Bäckermeister verletzt nach dem Konzert

Angriff auf den Säbel: Symbol des Offizierstandes

Gustls Ehre, weil er dessen Säbel festhält. Das ist ein mutiger Frontalangriff, der den Leutnant mitten ins Soldatenherz trifft; er ist im wahrsten Sinne des Wortes fassungslos: »Ja, was macht er denn? Mir scheint gar … ja, meiner Seel', er hat den Griff von meinem Säbel in der Hand … Ja, ist der Kerl verrückt?« (S. 15) Obwohl Gustl das Kriegshandwerk gelernt hat, ist er überhaupt nicht in der Lage, seinen Säbel von der Hand seines zivilen Feindes zu befreien. Sein Gegner ist einfach kräftiger als er, obendrein droht er dem Leutnant, dessen militärische Karriere zu vernichten: »Herr Lieutenant, wenn Sie das geringste Aufsehen machen, so zieh' ich den Säbel aus der Scheide, zerbrech' ihn und schick' die Stück' an Ihr Regimentskommando.« (S. 15) Da Habetswallner aber im Unterschied zu Gustl ein besonnener Mann ist, lässt er von seiner Drohung ab, kommt ihm sogar entgegen und verabschiedet sich inmitten der anderen Konzertbesucher vermeintlich höflich von ihm: »Habe die Ehre, Herr Lieutenant, hat mich sehr gefreut – habe die Ehre!« (S. 16)

›Ehrennotwehr‹

Da Habetswallner als Handwerker nicht satisfaktionsfähig ist, hätte Gustl nur eine Möglichkeit gehabt, seine Ehre wiederherzustellen: Er hätte seinen Gegner sofort töten müssen; die sogenannte ›Ehrennotwehr‹ hätte ihm das zumindest im Kontext des Militärs gestattet, nicht aber im Rahmen der geltenden Rechtsordnung. Der Leutnant ist sich darüber im Klaren, dass er sofort aus Notwehr handeln müsste: »Ich müsst' ja den Säbel ziehen und ihn zusammenhauen – – [...] Warum geh' ich denn nicht hin und hau' ihm den Schädel auseinander? ...« (S. 16). Aber da der Bäcker Gustls Säbel fest im Griff hat und körperlich weitaus stärker ist, kann dieser ihn nicht angreifen.

Als Habetswallner ihm schließlich wieder den Säbel überlässt, hätte er nun die Gelegenheit, ihn mit der Waffe zu töten, weil er damit seinem Gegner überlegen ist, aber da Gustl zu sehr mit dem Gedanken beschäftigt ist, ob die anderen Konzertbesucher von diesem Skandal etwas mitbekommen haben, verpasst er die Möglichkeit, seine Ehre sofort zu verteidigen. Mehrmals taucht diese Frage – in Varianten – auf: »es hat's doch keiner gehört?« (S. 15) Obendrein ist der Offizier, im Unterschied zum Bäcker, hochgradig nervös und hysterisch – von einem gestandenen Militär sollte man ein anderes Verhalten erwarten. Außerdem spekuliert er, ob der skandalöse Vorfall vielleicht nur ein Traum war: »Vielleicht ist es doch ein Traum gewesen ...« (S. 16).

Feigling Gustl

Aber die Realität holt ihn ein. Der hysterische Gustl rennt, nachdem der Bäcker das Gebäude verlassen hat, kopflos auf die Straße und wundert sich, wie er dort hingekommen ist: »Was, ich bin schon auf der Straße? Wie bin ich denn da herausgekommen?« (S. 17) Obendrein ergeht er sich in Selbstmitleid und rationalisiert sein persönliches Versagen zu seinen Gunsten, indem er eine allgemeine Wehrlosigkeit des Militärs gegenüber Zivilisten behauptet: »das ist doch zum Teufelholen ... ganz wehrlos sind wir gegen die Zivilisten« (S. 20).

Weil der Leutnant nicht in der Lage war, sich gegen einen Zivilisten zu wehren, der ihn mit dem Griff an den Säbel zutiefst beleidigt hat und seine Offizierswürde in höchster Potenz in Frage gestellt hat, verliert er nicht sein Ehre. Er verspielt sie,

Gustl hat als Soldat versagt

> »weil er die soldatischen Tugenden wie Entschlossenheit und Tapferkeit vermissen lässt, die es gebieten, die erfolgte Beleidigung augenblicklich und ohne zu zögern mit dem Säbel zu sühnen. Die Konfrontation mit dem Bäcker ist für Gustl eine Situation der Bewährung, in welcher er seinen soldatischen Charakter und seine Eignung als Offizier unter Beweis stellen muss, woran er allerdings scheitert.«[11]

Vier Auswege für Gustl

Gustl weiß natürlich, dass er nach dem Vorfall im Foyer entehrt ist: »ich bin satisfaktionsunfähig« (S. 19). Vor diesem Hintergrund steht er nun vor vier Handlungsmöglichkeiten. *Erstens:* Er könnte zu seinem Oberst gehen und ihm den Vorfall schildern; der könnte ihm aber nur eine Antwort geben: Gustl würde unehrenhaft aus dem Dienst entlassen werden: »Aber da gibt's ja nur eins: quittieren mit Schimpf und Schand' – quittieren!« (S. 18)

Zweitens: Er spielt auch kurz mit dem Gedanken, nach Amerika zu flüchten (S. 29), weil ihn dort keiner kennt, aber er sieht ein, dass diese Idee »Unsinn« (S. 31) ist, weil er »ja viel zu dumm [ist], um was ande-

11 Vorjans (s. Anm. 2), S. 139.

res anzufangen« (S. 31). Er hat also in dieser Hinsicht keinerlei Selbstvertrauen.

Drittens: Der Leutnant könnte seinen Ehrverlust auch verschweigen, im Dienst bleiben und darauf hoffen, dass der Bäcker sein Geheimnis für sich behält (S. 17 f.). Gustl aber kann das zu diesem Zeitpunkt nicht mit seinem militärisch konditionierten Gewissen vereinbaren: »I c h weiß es doch, und das ist die Hauptsache!« (S. 19) Auch als er sich vorstellt, der Bäcker könnte in der Nacht vom »Schlag« (S. 21) getroffen werden, bleibt er zu diesem Zeitpunkt doch bei seiner Meinung, er wäre »nicht der Mensch, der weiter den Rock trägt und den Säbel, wenn ein solcher Schimpf auf ihm sitzt!« (S. 21)

Viertens: Gustl ist einem archaischen Ehrbegriff ausgeliefert, der wegen einer Lappalie allen Ernstes den Selbstmord verlangt. Der Leutnant kann seine Ehre nur retten, wenn er sich mit einer Pistole umbringt, denn er muss immer damit rechnen, dass andere Personen von seinem »Schimpf« (S. 21) erfahren: »Wenn's ein Mensch gehört hätt', so müsst' ich mich ja stante pede erschießen« (S. 16). Gustl muss sich rehabilitieren, auch wenn er diese Rehabilitierung mit dem Leben bezahlt, sie also nicht selbst miterleben kann, denn »die Suizidart des Erschießens [verfügt] über einen symbolischen Gehalt, der an die Nachwelt gerichtet ist. Mit dieser Tat will Gustl sein ›Angedenken‹ reinwaschen und zeigen, dass er ›anständig‹, ein ›Mann‹ und vor allem ›ein Offizier‹ ist.«[12]

12 Vorjans (s. Anm. 2), S. 143.

Deus ex machina

Dem Leutnant kommt, als er in das Kaffeehaus eintritt, gleichsam ein *deus ex machina* zu Hilfe. Dort berichtet ihm nämlich der Kellner vom Tod des Bäckermeisters, der in der Nacht an einem Schlaganfall gestorben ist. Diesen dramaturgisch unglaubwürdigen Schluss, der einen puren Glückszufall bemüht, mag man vielleicht als allzu dürftig bemängeln. Aber dem Autor ging es eben nicht um eine plausible dramatische Klimax, sondern einzig um die inneren Vorgänge im Bewusstsein seines ›Helden‹, um die Genese seines Entschlusses zum Freitod und die Offenlegung seines brüchigen und verlogenen Ehrbegriffs. Gustl distanziert sich sofort von seinem Selbstmordplan, obwohl er innerhalb der letzten rund acht Stunden ungefähr zwanzigmal daran gedacht hat: »Keiner weiß was, und nichts ist g'schehn!« (S. 44) Obendrein schwärmt er von seinem »Mordsglück« (S. 44), weil er in das Kaffeehaus eingekehrt ist: »sonst hätt' ich mich ja ganz umsonst erschossen« (S. 44). Damit hat der Leutnant den Ehrbegriff, der seinem Suizidplan vermeintlich zugrunde liegt, *ad absurdum* geführt: Es ging ihm nicht darum, seine Ehre – und damit auch die Ehre der k. u. k. Armee – wiederherzustellen, weil er sie als Kern seines eigenen Wesens betrachtet, es geht ihm nur um seinen gesellschaftlichen Ruf. Der militärische Ehrbegriff bedeutet ihm somit letztlich nichts, erweist sich als leere Phrase.

Das anstehende Duell mit dem Doktor

Auch dass er dem Duell am »Nachmittag um vier« (S. 45), bei dem es immerhin um Leben und Tod geht, so leichtfertig entgegensieht, offenbart, dass Gustl

Ehre als einen Wert, der auf seiner Selbstbeurteilung beruht, als unwichtig erachtet: Allein als eine Zuschreibung, die ihm durch die Gesellschaft zukommt, ist Ehre für ihn von Relevanz. Auch wenn der Bäckermeister tot ist, so bleibt die Tatsache bestehen, dass Gustl sich nach den Regeln des militärischen Ehrenkodex nicht mehr duellieren darf, weil die Demütigung des Kontrahenten ungesühnt bleibt: »und ich darf's ja nimmer, ich bin satisfaktionsunfähig« (S. 19). Aber voller Elan freut er sich auf höchst aggressive Weise auf das bevorstehende Duell mit dem Rechtsanwalt, sobald feststeht, dass seine Umwelt durch den Tod des Bäckermeisters nicht mehr von der Satisfaktionsunfähigkeit Gustls erfahren kann: »Ich bin grad gut aufgelegt ... Dich hau' ich zu Krenfleisch!« (S. 45)

Leutnant Gustl kommt es bei diesem Duell nicht, wie er sich selbst glauben macht, darauf an, die Offiziersehre zu verteidigen, er agiert vielmehr aus einem Minderwertigkeitsgefühl heraus. Nur vordergründig ist Gustl von der Aussage seines Duellpartners, des Doktors, beleidigt: »Sie werden mir doch zugeben, dass nicht alle Ihre Kameraden zum Militär gegangen sind, ausschließlich um das Vaterland zu verteidigen!« (S. 12) Reflexartig – in militärischer Manier – wehrt sich der Leutnant gegen diese unpatriotische Äußerung, die jedoch realistisch ist, schließlich hatte Österreich zu diesem Zeitpunkt rund 35 Jahre in Frieden verbracht und das Sterben war den Soldaten fremd geworden. Gustl, der ohnehin kein ausgeprägtes Selbstbewusstsein besitzt, fühlt sich ertappt und entlarvt: »Der Doktor hat das absolut in dem Ton gesagt, als wenn er direkt mich gemeint hätt'.« (S. 12)

Der Leutnant selbst ist es schließlich, der sich im gleichen Atemzug ein weiteres Mal verrät, als er auf sein Trauma anspielt, das ihn zu einer Militärlaufbahn gezwungen hat: »Er hätt' nur noch sagen müssen, dass sie mich aus dem Gymnasium hinausg'schmissen haben und dass ich deswegen in die Kadettenschul' gesteckt worden bin« (S. 12). Diese Aussage hat nichts mit der des Doktors gemein, aber Gustl unterstellt ihm diesen Gedanken – und macht so deutlich, dass es ihm vermutlich mehr darum geht, sein durch individuelle Erlebnisse geschwächtes Selbstbewusstsein durch einen Duellsieg aufzupäppeln, als darum, die beleidigte Ehre des Militärs wiederherzustellen. Denn wegen dieser Lappalie hätte der Leutnant auch auf das Duell verzichten können, was zur damaligen Zeit auch üblich war; er weist selbst abwertend darauf hin: »Der Müller sicher, der wär' wieder objektiv gewesen oder so was. Mit dem Objektivsein hat sich noch jeder blamiert …« (S. 11).

Antisemitismus

Der Antisemitismus war auch im Offizierskorps Österreich-Ungarns verbreitet – Leutnant Gustl macht da keine Ausnahme. Offiziell verlauteten die militärischen Institutionen, es gäbe keinen Antisemitismus in der Armee, aber das stimmte nicht.

Der Antisemitismus führte bereits 1896, mit den Waidhofener Beschlüssen, zu einer systematischen Diskriminierung jüdischer Studenten, denen jegliche Ehre abgesprochen wurde: Weil man Juden nicht beleidigen könnte, ihnen *per se* keine Ehre zugesprochen wurde, galten sie als satisfaktionsunfähig. Die jüdische Bevölkerung war entsetzt, weniger wegen der Duellverweigerung, sondern weil sie von nun an von Geburt an als ehrlos galt.

■ »Waidhofener Beschlüsse«

Leutnant Gustl verhält sich daher mit seiner antisemitischen Einstellung mehr oder weniger gesellschaftskonform: »Es ist doch fabelhaft, da sind auch die Hälfte Juden … nicht einmal ein Oratorium kann man mehr in Ruhe genießen« (S. 14). Auffällig ist hier auch die Ironie des Autors, mit der er den Leutnant bloßstellt, denn dieser genießt das Konzert nicht, den »Schlusschor« dagegen findet er »[w]underschön« (S. 13). Hätte der ungebildete Gustl gewusst, dass der Komponist des Oratoriums der jüdische Komponist Felix Mendelssohn Bartholdy war, wäre sein Lob sicherlich anders ausgefallen.

Gustl projiziert seinen Antisemitismus auch auf seine ungeliebten Zeitgenossen, so zum Beispiel auf den Freier Steffis. Die Geliebte des Leutnants hat an dem Abend des Konzerts keine Zeit für ihn, weil sie ihrem spendablen Freier zu Diensten sein muss. Für den verschuldeten Gustl ist – obwohl er keinen Beweis hat – eins sicher: »Muss übrigens ein Jud' sein! Freilich, in einer Bank ist er, und der schwarze Schnurrbart« (S. 9). Der Leutnant macht an einer Äu-

■ Steffis jüdischer Liebhaber

ßerlichkeit, eben dem Schnurrbart, fest, dass der Mann ein Jude sein muss; hier folgt er den Vorurteilen der Antisemiten, welche glaubten, Juden auch anhand vermeintlich typischer körperlicher Merkmale identifizieren zu können, um sie dann zu diffamieren.

Statusängste gegenüber den Einjährig-Freiwilligen

Gustls Antisemitismus speist sich – was wohl typisch für seinen Stand war – auch aus seiner Statusangst gegenüber den Einjährig-Freiwilligen, weil er um den Verlust seines mehr oder weniger elitären Standes fürchtet: »die Prestigeeinbuße der Berufsoffiziere gegenüber den Reserveoffizieren mußte umso größer sein, je häufiger es (was selten genug vorkam) Juden gelang, auf diesem Weg ein Offizierspatent zu erwerben.«[13] Der Sozialneid gegenüber vermögenden Juden, die sich als Reserveoffiziere ›einkaufen‹ konnten, spielt im Kontext seines Antisemitismus auch eine Rolle: »Na ja, wer hat's Geld?« (S. 9) Und Steffis Liebhaber soll auch ein »Reservelieutenant« (S. 9) sein. Gustl ist empört, weil Juden auch Offiziere werden können: »Überhaupt, dass sie noch immer so viel Juden zu Offizieren machen – da pfeif ich auf'n ganzen Antisemitismus!« (S. 9)

13 Laermann (s. Anm. 3), S. 125, zit. nach: Polt-Heinzl (s. Anm. 1), S. 16.

7. Autor und Zeit

Schnitzlers Leben in tabellarischer Übersicht

1862	Arthur Schnitzler wird am 15. Mai als Sohn des Medizinprofessors Johann Schnitzler und Louise Schnitzler in Wien geboren.
1871–79	Besuch des Akademischen Gymnasiums. Abschluss mit der Reifeprüfung.
1879	Beginn des Medizinstudiums in Wien.
1880	Schnitzlers erste Veröffentlichung, *Liebeslied der Ballerine*, erscheint.
1882	Am 1. Oktober tritt Schnitzler seinen militärischen Dienst als Einjährig-Freiwilliger in einem Garnisonsspital in Wien an.
1885	Schnitzler erlangt den medizinischen Doktortitel. Ab September arbeitet er als Assistenzarzt im Allgemeinen Krankenhaus.
1886	1. November: Schnitzler arbeitet als Arzt in der Psychiatrie. Er veröffentlicht Gedichte, Aphorismen und Skizzen.
1887–94	Redakteur bei der von seinem Vater gegründeten *Internationalen Klinischen Rundschau.*
1888	Schnitzler assistiert seinem Vater, der als Direktor an der Allgemeinen Wiener Poliklinik arbeitet.
1890	Schnitzler lernt den Dichter Hugo von

	Hofmannsthal kennen und tritt in Kontakt mit Literatenzirkeln.
1893	Schnitzler eröffnet nach dem Tod seines Vaters eine Privatpraxis und verlässt die Poliklinik. Er schränkt seine Arbeit als Arzt zwar wegen seiner literarischen Tätigkeit nach und nach ein, gibt sie aber nicht auf.
1891–1930	Schnitzler verfasst zahlreiche erfolgreiche Dramen und Komödien, die unter anderem psychologische und sozialkritische Aspekte behandeln.
1895	Schnitzler wird mit der erfolgreichen Buchausgabe von *Die drei Elixiere, Sterben* als Erzähler im deutschsprachigen Raum bekannt.
1899	Für seine dramatischen Werke und Novellen erhält Schnitzler den Bauernfeld-Preis.
1900	Am 25. Dezember erscheint *Lieutenant Gustl* in der Zeitschrift *Neue Freie Presse*.
1901	Schnitzler wird am 14. Juni wegen des *Lieutenant Gustl* sein Offiziersrang abgesprochen: Die Militärkreise empfinden die Novelle als Provokation gegen den eigenen Stand.
1902	9. August: Geburt von Heinrich Schnitzler, dem gemeinsamen Sohn von Schnitzler und der Schauspielerin Olga Gussmann.

1903	Am 26. August heiratet Schnitzler Olga Gussmann.
1909	13. September: Geburt der Tochter Lili.
1911	Schnitzlers Mutter stirbt am 9. September.
1921	Ehescheidung am 26. Juni.
1922	Schnitzler trifft sich mit Sigmund Freud, dem Begründer der Psychoanalyse, zu einem längeren Gespräch.
1923	Schnitzler wird Ehrenpräsident des österreichischen PEN-Clubs, einer Schriftstellervereinigung.
1926	Im Dezember letztes Treffen mit Freud.
1928	Schnitzlers Tochter Lili begeht am 26. Juli Selbstmord.
1931	Schnitzler stirbt am 21. Oktober.

Der Arzt als Schriftsteller

Nach dem Tod seines Vaters widmete sich Schnitzler mehr und mehr seinen künstlerischen Ambitionen. Seine Privatpraxis ließ ihm dafür mehr Zeit. Sein literarisches Schreiben – neben dem fachwissenschaftlichen – profitierte lebenslang auch von seiner medizinisch geschulten Sichtweise, die er über viele Jahre hinweg ausgebildet hatte; dabei kam auch das psychologische Terrain nicht zu kurz.

1889 erschien seine Dissertation mit dem Titel *Über funktionelle Aphonie und deren Behandlung durch Hypnose und Suggestion.* Er beschäftigte sich außerdem mit Geisteskrankheiten und Psychosomatik; auch dadurch schulte er seine differenzierte psychologische Beobachtungsgabe, die uns im inneren Monolog Gustls begegnet: »Gewöhnt an minutiöse Selbstbeobachtungen, entwickelte er schreibend eine Psychologie der Gefühlsnuancen, der Gemüts- und Seelenzustände, die selbst Sigmund Freud beinahe neidisch anerkannte.«[14] Von Freud konnte Schnitzler – trotz seiner Vorbehalte gegenüber der Psychoanalyse – lernen, wie Träume und Assoziationen zu deuten sind. Vor diesem Hintergrund ist es nur zu verständlich, dass Schnitzler Gustls Gedankenwelt wie ein Psychologe bis in die tiefsten Schichten seines Bewusstseins hinein darstellt.

■ Schnitzler und die Psychoanalyse

Auch in anderen Werken setzt sich der Autor mit medizinischen Themen auseinander. So behandelt Schnitzler 1912 in seiner Komödie *Professor Bernhardi* das Klinikleben, das er ja aus eigener Erfahrung bestens kannte. Der liberale jüdische Klinikleiter Bernhardi (der an Schnitzlers Vater erinnert) erlaubt es einem katholischen Priester nicht, einer jungen Frau, die im Sterben liegt, die letzte Ölung zu erteilen, weil ihr sonst klar werden würde, dass sie sterben muss. Bernhardi erspart der Frau, die sich in einem euphorischen Zustand befindet, dadurch Todesängste. Die humane Verhaltensweise des Professors nehmen seine Gegner zum Anlass, eine antisemitische Hetzkampagne gegen den Arzt zu führen. Wie *Lieutenant Gustl* zeigt die Ko-

■ Ärztliche Themen als literarische Motive

14 Ingo Leiß / Hermann Stadler, *Deutsche Literaturgeschichte*, Bd. 8: *Wege in die Moderne 1890–1918*, München [3]2004, S. 197.

Abb. 9: Arthur Schnitzler in Militäruniform
(Fotografie von 1882)

mödie, wie präsent die Judenfeindlichkeit in Österreich war.

■ *Fräulein Else*

Schnitzlers gesellschaftskritische Erzählung *Fräulein Else* (1924) profitiert auch von seinen psychologischen Kenntnissen. Else T., die Protagonistin der Erzählung *Fräulein Else*, erhält, als sie sich im Italien-Urlaub aufhält, einen Brief ihrer Mutter. Sie soll, weil ihr Vater, ein jüdischer Advokat, Geld veruntreut hat und kurz vor seiner Inhaftierung steht, den vermögenden Kunsthändler von Dorsday um 30 000 Gulden bitten. Er willigt ein, aber er verlangt von ihr, dass er sie dafür für eine viertel Stunde nackt betrachten dürfe. Else ist empört, weil sie sich nicht prostituieren möchte; sie verschiebt ihre Entscheidung auf den Abend. Inzwischen erhöht ihre Mutter den gewünschten Betrag auf 50 000 Gulden; dadurch gerät die Tochter unter noch stärkeren Druck. Am Abend entblößt sie sich im Musiksalon des Hotels vor den Gästen, auch vor dem Kunsthändler, erleidet dabei einen Nervenzusammenbruch und fällt in Ohnmacht. Wenig später bringt sie sich in ihrem Zimmer mit einer Überdosis Veronal, einem Schlafmittel, um.

■ *Flucht in die Finsternis*

1931 erschien Schnitzlers Novelle *Flucht in die Finsternis*, die er zwischen 1912 und 1917 unter dem Arbeitstitel *Wahn* verfasst hatte. Hier seziert Schnitzler den Krankheitsverlauf seines Protagonisten Robert präzise: Er ist Hypochonder, Mordfantasien verfolgen ihn, außerdem leidet er an Verfolgungswahn. Schließlich bringt er – inzwischen wahnsinnig geworden – seinen Bruder Otto um und tötet sich selbst.

8. Rezeption[15]

Das österreichische Militär reagierte auf Arthur Schnitzlers Novelle *Lieutenant Gustl* äußerst empört.

Schon drei Tage nach ihrem Abdruck – am 28. Dezember 1900 – in der *Neuen Freien Presse* kritisierte das Wiener Morgenblatt *Die Reichswehr* Schnitzlers Werk: »Dieses Gemisch von Unflath, niedrigster Gesinnung und Verdorbenheit des Herzens, von Feigheit und Gewissenlosigkeit steckt Herr Schnitzler in eine österreichische Lieutenantsuniform«.[16]

Skandal: »Verdorbenheit des Herzens«

Der Autor erhält aber auch Zuspruch für seine Novelle. Nachdem Schnitzler vom Ehrenrat für Kadetten und Landwehroffiziere die Offizierswürde aberkannt worden war, verteidigte die *Neue Freie Presse* am 21. Juni 1901 in einem Leitartikel *Lieutenant Gustl* und seinen Autor:

Zu Schnitzlers Verteidigung

> »Wirklich, es ist unsere volle Überzeugung, daß Schnitzler den Officiersstand nicht verletzt hat und daß diese irrige Meinung schwer zu erklären ist und vielleicht erst entstehen kann, wenn einzelne Sätze oder Worte ohne jeden Zusammenhang mit dem Ganzen, ohne jede Fühlung mit dem starken Zuge der Novelle betrachtet oder gedeutet werden.«[17]

15 Ich beziehe mich in diesem Kapitel auf die *Erläuterungen und Dokumente* (s. Anm. 1), S. 43–62; 81–111.

16 Anonym, in: *Die Reichswehr*, Nr. 2473, 28. 12. 1900, S. 2, zit. nach: Polt-Heinzl (s. Anm. 1), S. 46 f.

17 Moritz Benedikt, in: *Neue Freie Presse*, Nr. 13226, 21. 6. 1901, S. 1, zit. nach: Polt-Heinzl (s. Anm. 1), S. 47.

Außerdem wirft der Autor des Artikels dem Ehrenrat vor, literarische Zensur zu betreiben, weil er der Novelle jeglichen literarischen Rang abspricht und sie daher aus der Öffentlichkeit verbannen möchte. Durch solche militärische Zensur verliere der Autor Schnitzler seine »künstlerische[] Freiheit«.[18]

Rilke lobt die Novelle

Auch Rainer Maria Rilke nimmt in seinem Brief vom 24. Juni 1901 an Schnitzler *Lieutenant Gustl* in Schutz. Er kritisiert dessen Gegner und würdigt die künstlerische Qualität der Novelle:

> »Durch die gewählte Form aber ist die Enge und Begrenztheit des Helden im besten Sinn der Wirkung dienstbar gemacht, indem auf dem beschränkten Schauplatze sich *alles* vollziehen muß, das Äußere und das Innere, so daß alle Ereignisse wie Erscheinungen eines bestimmten Innenlebens sich dort zu begegnen scheinen. So kommt es, daß Lieutenant Gustl interessant und bis zu gewißem Grade als Schauplatz eines Schicksals erscheint, das viel größer als das seine sich anfühlt.«[19]

Der Skandal um Schnitzlers Text, der in vielen in- und ausländischen Zeitungen diskutiert wurde, bescherte dem S. Fischer Verlag wegen des öffentlichen

18 Benedikt (s. Anm. 17), S. 1, zit. nach: Polt-Heinzl (s. Anm. 1), S. 48.

19 Rainer Maria Rilke, *Briefe zur Politik*, hrsg. von Joachim W. Storck, Frankfurt a. M. / Leipzig 1992, S. 40 f., zit. nach: Polt-Heinzl (s. Anm. 1), S. 56.

Interesses einen finanziellen Erfolg. Die 7000 Exemplare der Erstauflage gingen schon im Erscheinungsjahr 1901 über die Ladentheke, so dass im selben Jahr die zweite Auflage gedruckt wurde.

Der Skandal treibt die Verkaufszahlen nach oben

Im Laufe der folgenden Jahre und Jahrzehnte ebbte die Kritik an *Lieutenant Gustl* ab, auch weil nach dem Ersten und Zweiten Weltkrieg die Standesehre des Militärs nicht mehr den Stellenwert früherer Zeiten besaß. Ausnahmen bestätigen gleichwohl auch hier die Regel: Anlässlich von Schnitzlers hundertstem Geburtstag (1962) fand in Wien eine Gedenkfeier zu seinen Ehren statt. Von dem Festakt fühlte sich das monarchistische Blatt *Die Tradition – Nachrichtenblatt Alt-Österreichs* brüskiert, weil ihm *Lieutenant Gustl* nach wie vor ein Dorn im Auge war. Die Wiener Arbeiter-Zeitung setzte sich mit dieser Kritik in einer Glosse mit dem Titel *Schandfleck Gustl* auseinander, die Feier habe »einigen Leuten in Österreich nicht [gefallen] – weil Schnitzler die gute alte k. u. k. Zeit nicht in den geziemenden Ehren gehalten hat. Darum erinnert das monarchistische Mitteilungsblatt ›Die Tradition‹ an Schnitzlers größte Schande: die Novelle ›Leutnant Gustl‹ […] biete das Leutnantsleben in einer dem Ehrenkodex des k. u. k. Offizierskorps widersprechenden Weise dar.«[20]

Kritik aus den 1960er Jahren

Im selben Jahr setzt sich dagegen der Schriftsteller und Literaturwissenschaftler Heinz Politzer in einem Nachwort zu *Lieutenant Gustl* differenziert mit der

20 Anonym, in *Arbeiter-Zeitung*, 10. 06. 1969, zit. nach: Polt-Heinzl (s. Anm. 1), S. 62.

Gustl als Stellvertreter für seine Epoche

Novelle auseinander. Schnitzler habe mit Gustl kein Einzelschicksal vorgestellt, sondern das mehr oder weniger sinn- und zwecklose Leben vieler seiner Zeitgenossen. Dem Autor sei es gelungen, mit dem Offizier eine Epochendiagnose zu erstellen: »Dieser Einzelfall aber ist für die Gesamtheit charakteristisch, die ihn bedingt und geprägt hat. Leutnant Gustl ›ist‹ Wien, ›ist‹ das Vorkriegsösterreich, ›ist‹ der europäische Mensch in der trügerischen Windstille vor 1914.«[21]

Politzer versteht die Novelle auch als ein Experiment, das Schnitzler exemplarisch mit Gustl durchführt: »Wie verhält sich der Mensch im Angesicht des Todes?«[22] Schnitzler zeigt uns auf eindrucksvolle Weise, was der Leutnant in seinen vermeintlich letzten Stunden denkt.

Der berühmte innere Monolog

Im Zentrum der literaturwissenschaftlichen Rezeption steht bis heute immer wieder der innere Monolog, er wird kontinuierlich gerühmt, auch von dem Literaturwissenschaftler Achim Aurnhammer: »Mit dem *Lieutenant Gustl* gelang Arthur Schnitzler eine epochale erzähltechnische Neuerung: Der *Lieutenant Gustl* ist als erste Erzählung in deutscher Sprache vollständig in innerem Monolog verfasst.«[23]

21 Heinz Politzer, »Nachwort«, in: Arthur Schnitzler, *Leutnant Gustl*, Nachwort und Anmerkungen von H. P., Frankfurt a. M. 1962, S. 41–49, zit. nach: Polt-Heinzl (s. Anm. 1) S. 83.
22 Politzer (s. Anm. 21), zit. nach: Polt-Heinzl (s. Anm. 1), S. 82.
23 Achim Aurnhammer, »*Lieutenant Gustl.* Protokoll eines Unverbesserlichen«, in: Kim/Saße (s. Anm. 5), S. 69.

Abb. 10: (v. l. n. r.) Christoph Radakovits als Gustls Schatten, Nicholas Ofczarek als Bäckermeister Haberts-Wallner und Lukas Watzl als Leutnant Gustl in der virtuellen Theatererfahrung *Inside Lieutenant Gustl* (Regie/Bearbeitung: Sebastian Brauneis) – © Studio Brauneis / Poesie Media

Gustl auf der Bühne

Schnitzlers Novelle wurde auch für Film und Theater umgeschrieben und dramatisiert. 1963 wurde John Oldens Verfilmung *Leutnant Gustl*, die mit einer Starbesetzung aufwartet (Hans Moser, Peter Weck und Christiane Hörbiger), in der BRD ausgestrahlt.

1995 hat Andreas Fliedner den Text inszeniert, die Dramaturgie oblag John von Düffel. Der Schauspieler Roman Kohnle spielte über zehn Jahre hinweg deren Gustl in einem Soloprogramm.

2018/19 produzierten Sebastian Brauneis und Sascha Mann mit ihrem Virtuellen Theater Schnitzlers

Novelle. Man kann auf seiner Homepage verschiedene Versionen buchen: *Lieutenant Gustl* als Virtual Reality Experience, als Szenische Lesung und als klassische Theaterfassung. Die virtuelle Version modernisiert das Theater für ein internetaffines Publikum. Dazu Brauneis:

> »*Mit den Augen der Anderen – Die Virtual Reality – Brille als ›empathy device‹* VR-Theater generiert ein völlig neues Erlebnis von ›Anwesenheit‹ am Ort des Geschehens – rezipierbar auf der ganzen Welt, mittels Virtual Reality Brille, Mobiltelefon oder Tablet im 360°-Mode, Untertitel inklusive. Der Zuschauer schlüpft in die Haut der handelnden Figuren, dringt vor in einzigartige theatrale Räume und überwindet gleichzeitig die Limitationen klassischer filmischer Gestaltung hinsichtlich Schnitt, Kamerabewegung und den Grenzen des einzelnen Kaders. Der Zuschauer entscheidet, wohin er blickt.«[24]

24 Sebastian Brauneis, www.insidelieutenantgustl.com/das-virtuelle-theater/ (Stand: 2. 6. 2020).

9. Prüfungsaufgaben mit Lösungshinweisen

Aufgabe 1

Arbeitsauftrag 1: Charakterisieren Sie Leutnant Gustl.

Lösungshinweise

- Leutnant Gustls Nachname wird nicht genannt, weil er stellvertretend für eine ganze Generation von Offizieren steht. Die Diminutivform seines Vornamens (vermutlich Gustav oder August) setzt ihn schon mit dem Titel der Novelle dem Spott aus: Der militärische Rang eines Leutnants passt nicht zu seinem Spitznamen; einen Gustl möchte man nicht ernst nehmen.
- Als Schüler scheitert der naive und pyschisch labile Gustl: Er wollte nach dem Abitur eigentlich Ökonomie studieren, aber er ergreift dann einen Beruf, der für ihn lediglich die zweite Wahl ist. Gustl hat seine bescheidene militärische Laufbahn alles andere als freiwillig absolviert oder gar aus einer patriotischen Gesinnung heraus. Es deutet sich an, dass Gustl wohl auch aus finanziellen Gründen frühzeitig die Schule verlassen musste. Sein Duellgegner erkennt die Ursache seiner Minderwertigkeitsgefühle treffsicher: »Er hätt' nur noch sagen müssen, dass sie mich aus dem Gymnasium hinausg'schmissen haben und dass ich deswegen in die Kadettenschul' gesteckt worden bin« (S. 12).

- Trotzdem ist das Militärsein Lebensmittelpunkt, verleiht seinem Leben Sinn: »wie ich das erste Mal den Rock angehabt hab', so was erlebt eben nicht jeder …« (S. 12).
- Der Leutnant ist rund 24 Jahre alt und nicht lernfähig: Eine Entwicklung vom Saulus zum Paulus – wie sie Felix Mendelssohn Bartholdys *Paulus – Oratorium nach Worten der heiligen Schrift* zu Beginn der Novelle in Aussicht stellt, bleibt dem naiven Offizier verwehrt.
- Der Leutnant ist auch nicht in der Lage, seine Spielschulden zu bezahlen; er erwartet sogar, dass sein vermögender Onkel ihm Geld gibt, um seine Schulden zu begleichen.
- Der Offizier hat zwar etliche Frauen in seinem Leben erobert, aber er war dabei wohl nur an Sex und nicht an einer dauerhaften Beziehung interessiert. Eine Heirat kommt für ihn nicht in Frage, auch weil er nicht genügend Geld für eine Heiratskaution besitzt.
- Gustl richtet sein Denken und Handeln nach der militärischen Obrigkeit aus, die er niemals kritisch hinterfragt. Ein Beispiel: Nach seiner Duellforderung an den Doktor geht ihm Folgendes durch den Kopf: »Aber ich hab' mich famos benommen; der Oberst sagt auch, es war absolut korrekt.« (S. 11)
- Der Leutnant hat diverse Feindbilder (Juden, Sozialisten, Juristen und die Einjährigen), von denen er sich abgrenzt und die er diffamiert, um sein Selbstvertrauen zu stabilisieren.
- Der Offizier versagt, als der Bäckermeister seinen Säbelgriff festhält. Die sogenannte Ehrennotwehr hätte ihm gestattet, seinen Angreifer zu attackieren. Von einem

ausgebildeten Soldaten sollte man erwarten können, dass er sich gegen einen Zivilisten wehren kann.

- Gustl ist nicht konsequent: Auch nach dem Tod des Bäckermeisters müsste er sich töten, um seine Ehre für die Nachwelt wiederherzustellen, aber das ist ihm plötzlich gleichgültig.

Aufgabe 2

Arbeitsauftrag 2: In dem folgenden literaturwissenschaftlichen Text setzen sich die Autorinnen mit dem inneren Monolog auseinander. Arbeiten Sie die wesentlichen Aspekte des Textes schriftlich heraus, dabei können Sie auch Zitate benutzen.

»Zum dramatischen Modus [Unmittelbarkeit] zählt ebenfalls der innere Monolog, der innerhalb einer Erzählung in der 3. Person (meist Präteritum) daran zu erkennen ist, dass ein unvermittelter Wechsel in die 1. Person Singular Präsens stattfindet (ohne Einleitung durch ein *verbum dicendi*[25] und ohne typographische Markierungen). Beim inneren Monolog handelt es sich um eine Art (stummes) Selbstgespräch einer Figur, durch das mentale Prozesse, Assoziationen, Erinnerungen, Gefühlsregungen, Stimmungen, Ahnungen etc. scheinbar distanzlos wiedergegeben werden. Als

25 *Verbum dicendi*: lat. ›Verb des Sagens‹, das etwa eine wörtliche Rede einleitet – Beispiel: Peter sagte zu ihm: »Ich reise nach Bonn.«

Pionier dieses Modus gilt im deutschsprachigen Raum Arthur Schnitzler, der in seiner Novelle *Lieutenant Gustl* (1900) die Titelfigur fortwährend monologisieren und damit ihr Inneres preisgeben lässt; sie beginnt ohne jede Einführung: »Wie lang wird denn das noch dauern? Ich muss auf die Uhr schauen … schickt sich wahrscheinlich nicht in einem so ernsten Konzert. Aber wer sieht's denn?« Schnitzler verzichtet im gesamten Text auf eine übergeordnete Erzählinstanz bzw. lässt diese nur im Hintergrund unsichtbar Regie führen. Die gleiche Form des inneren Monologs findet sich auch in der Novelle *Fräulein Else* (1924). Werden syntaktische Ordnungen aufgebrochen oder gänzlich zerstört, um die Preisgabe rationaler Steuerungsmechanismen zu signalisieren, liegt eine radikalisierte Form des inneren Monologs vor: der Bewusstseinsstrom bzw. *stream of consciousness*. Berühmtestes Beispiel dafür ist James Joyce' Roman *Ulysses*, u. a. die Schlusssequenz mit dem Monolog der Molly Bloom.
Die zitierte Gedankenrede wird in aller Regel durch ein *verbum credendi* eingeleitet (›denken‹, ›überlegen‹ etc.); Anführungszeichen können allerdings auch fehlen. Durch diesen dramatischen Modus wird die Illusion der unmittelbaren Teilhabe an den Gedanken einer Figur erzeugt. Dies gilt in noch stärkerem Maß für den inneren Monolog.«

Sabine Becker, Christine Hummel, Gabriele Sander: Literaturwissenschaft – Eine Einführung. Stuttgart 2018. S. 118 f.

Lösungshinweise

- Im Unterschied zu Erzählungen in der 3. Person erkennt man den inneren Monolog an dem »Wechsel in die 1. Person Singular Präsens« und an dem Verzicht auf »ein verbum dicendi« und Anführungszeichen.
- Der innere Monolog ist das stumme »Selbstgespräch einer Figur«, das eine Illusion der Distanzlosigkeit zu den Lesern erzeugt, weil diese scheinbar unmittelbar mit den Gedanken, Gefühlen, »Assoziationen«, »Stimmungen« und »Ahnungen« der Figur konfrontiert werden.
- Arthur Schnitzler hat mit seinem *Lieutenant Gustl* den inneren Monolog in die deutschsprachige Literatur eingeführt. Der Offizier monologisiert und offenbart dem Leser seine Bewusstseinsinhalte.
- Es gibt in Schnitzlers Text keine »übergeordnete Erzählinstanz« wie zum Beispiel einen auktorialen Erzähler. Aber hinter dem Monolog Gustls führt eine Instanz »unsichtbar Regie«, eben auf der Metaebene.
- 1924 veröffentlicht Schnitzler die Novelle *Fräulein Else*, auch sie besteht aus einem inneren Monolog.
- Es gibt auch noch »eine radikalisierte Form des inneren Monologs«, den »stream of consciousness« (Bewusstseinsstrom). Der Satzbau wird dabei »aufgebrochen oder gänzlich zerstört«. Zur Darstellung können so Gedankengänge von Figuren kommen, die nicht »rationalen Steuerungsmechanismen« unterliegen: Das Denken findet so in seiner ganzen Verworrenheit Ausdruck. Der »Monolog der Molly« aus James Joyces Ro-

man *Ulysses* (1922) ist ein kontinuierlicher Bewusstseinsstrom, der keine Rücksicht auf die Syntax nimmt.

- Der innere Monolog wird in der »Regel durch ein *verbum credendi*« eingeleitet. Zum Beispiel: Ich denke: »…«. Dabei kann man auch auf die Anführungszeichen verzichten. Dadurch wird dem Leser suggeriert, er könne unmittelbar »an den Gedanken einer Figur« teilhaben, was als authentisch empfunden wird.

Aufgabe 3

Arbeitsauftrag 3: Gustl erwähnt in den rund fünf Stunden, über die sich sein Monolog erstreckt, viele Frauen. In welchem Verhältnis steht er zu ihnen? Stellen Sie sein Frauenbild anhand einiger Zitate aus der Novelle vor.

Lösungshinweise

- Gustl betrachtet Frauen lediglich als Sexualobjekte.
- Steffi, seine Geliebte, arbeitet wohl als Prostituierte. Der Leutnant ist nicht in sie verliebt; die Freier Steffis lassen ihn kalt, solange er selbst seinen Spaß hat: »Jetzt wird s' halt einen andern haben. … Freilich, das mit der Steffi ist bequemer – wenn man nur gelegentlich engagiert ist und ein anderer hat die ganzen Unannehmlichkeiten, und ich hab' nur das Vergnügen …« (S. 33 f.).
- Als er im Konzert sitzt, schweifen seine Blicke über die Frauen und er lässt seiner Phantasie freien Lauf. So

sieht er in den Sängerinnen »hundert Jungfrauen [...]. Ob das lauter anständige Mädeln sind, alle hundert?« (S. 7 f.)

- Der bindungsunfähige Leutnant denkt auch mal kurz an Heirat, aber das nimmt ihm der Leser nicht ab: »Wenn sich die Kleine da vor mir nur einmal umdreh'n möcht'! So brav sitzt s' alleweil da. Das neben ihr ist sicher die Mama. – Ob ich nicht doch einmal ernstlich an's Heiraten denken soll?« (S. 13)
- Als das Konzert beendet ist, fällt ihm eine andere Frau in den Blick: »Ah, die ist aber bildschön! Ganz allein? Wie sie mich anlacht. [...] Lasst sich da von einem Herrn abholen, und jetzt lacht sie noch auf mich herüber! – Es ist doch keine was wert ...« (S. 14).
- Gustl überlegt, dass eine Heirat sexuelle Vorteile für ihn hätte, weil er dann nicht mehr andere Frauen erobern müsste; allerdings degradiert er die potenzielle Ehefrau zur frei verfügbaren Ware: »Hat schon was für sich, so immer gleich ein hübsches Weiberl zu Haus vorrätig zu haben ...« (S. 13).
- Der scheinheilige Gustl schwärmt für die verheiratete Frau Mannheimer, obwohl er ständig gegen Juden wettert: »die Mannheimer selber sollen ja auch Juden sein, getauft natürlich ... denen merkt man's aber gar nicht an – besonders die Frau ... so blond, bildhübsch die Figur ...« (S. 9).
- Seine Schwester Klara ist schon 28 Jahre alt und unverheiratet. Offenbar hat sie keine ausreichende Mitgift, deshalb denkt ihr Bruder: »Der Onkel kann schon was hergeben ...« (S. 10) Gustl kommt überhaupt nicht auf

die Idee, seiner Schwester finanziell unter die Arme zu greifen und seine Spielsucht aufzugeben.

- Obwohl er sich umbringen möchte, spielt er mit dem Gedanken, im Sommer seinen Onkel zu besuchen; sein Libidotrieb ist auch im Angesicht des Todes ungebrochen. Dort würde er gerne seine ehemalige Liebhaberin Etelka oder eine andere Frau beschlafen: »Ja, es wird ganz gut sein, vierzehn Tage Landluft und vierzehn Nächt' Etelka oder sonstwer …« (S. 10).
- Der wahllose Leutnant findet auch Gefallen an der Schauspielerin Maretti, obwohl sie eigentlich zu alt für ihn ist: »siebenunddreißig Jahr ist sie sicher, und sieht aus … Na, ich hätt' nicht nein g'sagt! – Schad', dass sie mich nicht g'fragt hat …« (S. 10).
- Der Leutnant schien einmal an einer Frau gehangen zu haben, an Adele. Er bereut seinen Schlussstrich: »Ich möcht' nur wissen, warum ich die aufgegeben hab' … so eine Eselei!« (S. 33) Sie war wohl in ihn verliebt, er jedoch erinnert sich, Langeweile und Bindungsangst empfunden zu haben. Er sah sie wohl nicht als gleichberechtigt an und labt sich nun an ihrem Kummer: »Was die für G'schichten gemacht hat, wie's aus war … mein Lebtag hab' ich kein Frauenzimmer so weinen geseh'n … Das war noch eigentlich das Hübscheste, was ich erlebt hab' …« (S. 33).

Aufgabe 4

Arbeitsauftrag 4: Verteidigen Sie den Leutnant und spekulieren Sie, inwiefern sich Gustl positiv weiterentwickeln könnte, beziehen Sie sich dabei auf Schnitzlers Statement:

Ab 26. Oktober 1931 erschienen in der Zeitung *Neues Wiener Journal* die »Unveröffentlichte(n) Schnitzler-Briefe über die ›Leutnant-Gustl‹-Affäre«. Der Untertitel des Artikels lautet: »Eine Sensation vor dreißig Jahren«. In einer Briefsequenz aus dem Jahr 1901 verteidigt Schnitzler seinen Leutnant: »Und dabei möchte ich für meinen Fall noch erwähnen, daß mein Gustl ein ganz netter, nur durch Standesvorurteile verwirrter Bursch ist, der mit den Jahren gewiß ein tüchtiger und anständiger Offizier werden dürfte.«[26] Diese positive Seite Gustls interessierte bisher nur ausgesprochen wenige Kritiker.

Lösungshinweise

- Gustl ist ungefähr 24 Jahre alt; er könnte durchaus in seinem Leben noch einen Reifeprozess durchmachen, das sollte man ihm zugestehen.

26 Arthur Schnitzler, Brief aus dem Jahr 1901, zit. nach: Theodor von Sosnoky, »Unveröffentlichte Schnitzler-Briefe über die ›Leutnant-Gustl‹-Affäre. Eine Sensation vor dreißig Jahren«, in: *Neues Wiener Journal*, 26. 10. 1931, Nr. 13 624, S. 4.

- Er könnte abgeklärter werden, er könnte seine Vernunft zielgerichteter einsetzen.
- Der Leutnant könnte seine Aggressionen gegenüber anderen Figuren in den Griff bekommen: So könnte er zum Beispiel höflicher mit seiner Umwelt umgehen und sich nicht mehr wegen Lappalien streiten. Hier wäre allerdings ein gehöriges Maß an Gelassenheit nötig oder auch eine gewisse Selbstironie.
- Von dem Philosophen und Ökonomen Karl Marx (1818–1893) stammt die Formulierung »Das Sein bestimmt unser Bewusstsein«, in der Tat! Die »Standesvorurteile«, und das Militär (Das Sein) vor allem, bestimmen Gustls komplettes Bewusstsein, das uns der Autor mithilfe des inneren Monologes vor Augen führt. Seine Militärausbildung hat ihn zu einem autoritätshörigen Offizier gemacht. Der Leutnant könnte nach seinem möglichen Duellsieg über den Doktor vielleicht aus dem Militär ausbrechen; das scheint zwar nahezu unmöglich, weil er in der Novelle überhaupt nichts dazu lernt und sich nicht weiterentwickelt, gleichwohl ist es aber denkbar.
- Gustl hat kein Abitur, obendrein weist er nur eine zweitklassige Militärausbildung auf der Kadettenschule vor. Sein Offiziersstatus ist nicht besonders angesehen in der Armee; er ist nur ein Leutnant in einem Infanterie-Regiment. Obendrein hat er Spielschulden; auch deshalb kann er nicht heiraten, schließlich kann er das Geld für eine Heiratskaution nicht aufbringen. Diese Versagensängste plagen ihn, aber vielleicht würden ihn ein Berufserfolg, eine Bestätigung oder ein Lob voranbringen.

- Der Leutnant könnte auch seine Spielsucht, die bisher finanziell noch überschaubar ist, in den Griff bekommen.
- Gustl könnte, trotz seines prekären Frauenbildes, eine Dame kennenlernen, die er ernsthaft liebt und die er gleichberechtigt behandeln möchte. In der Tat: Sein Frauenbild in der Novelle widerspricht dem, aber das Leben ist zuweilen von erstaunlichen Zufällen geprägt.

10. Literaturhinweise/Medienempfehlungen

Textausgaben

Die erste Buchausgabe von *Lieutenant Gustl* [ab 1914 unter dem Titel *Leutnant Gustl*] erschien 1901 in Berlin im S. Fischer Verlag.

Im vorliegenden Lektüreschlüssel wird nach der folgenden Ausgabe zitiert:

Schnitzler, Arthur: Lieutenant Gustl. Novelle. Hrsg. Sabine Wolf. Stuttgart: Reclam, 2017 [u. ö.]. (Reclam XL. Text und Kontext. 19128.)

Zur Biografie des Autors

Haberich, Max: Arthur Schnitzler – Anatom des Fin de Siècle. Wien 2017.

Scheible, Hartmut: Arthur Schnitzler. Reinbek bei Hamburg ^{14}2007.

Zur Gattung Novelle

Freund, Winfried: Novelle. Stuttgart 2009. (Reclams Universal-Bibliothek. 17607.)

Sekundärliteratur zu *Lieutenant Gustl*

Aurnhammer, Achim: *Lieutenant Gustl.* Protokoll eines Unverbesserlichen. In: Interpretationen. Arthur Schnitzler: Dramen und Erzählungen. Hrsg. von Hee-Ju Kim und Günter Saße. Stuttgart 2007. (Reclams Universal-Bibliothek. 17532.) S. 69–88.

Fliedl, Konstanze: Arthur Schnitzler. Stuttgart 2005. (Reclams Universal-Bibliothek. 17653.) S. 118–124.

Frevert, Ute: Ehrenmänner. Das Duell in der bürgerlichen Gesellschaft. München 1991.

Kunz, Ulrike: Arthur Schnitzler: *Leutnant Gustl.* In: U. K.: »Der Zeit ihre Kunst, der Kunst ihre Freiheit«. Ästhetischer Realismus in der europäischen Décadenceliteratur um 1900. Hamburg 1997. S. 323–428.

Morris, Craig: Der vollständige innere Monolog: eine erzählerlose Erzählung? Eine Untersuchung am Beispiel von *Leutnant Gustl* und *Fräulein Else.* In: Modern Austrian Literature. Journal for the International Arthur Schnitzler Research Association 31 (1998) Nr. 2. S. 30–51.

Polt-Heinzl, Evelyne: Erläuterungen und Dokumente. Arthur Schnitzler: *Lieutenant Gustl.* Stuttgart 2000. Durchges. Ausg. 2009. (Reclams Universal-Bibliothek. 16017.)

Schmidt-Dengler, Wendelin: Arthur Schnitzler: *Leutnant Gustl.* In: Interpretationen – Erzählungen des 20. Jahrhunderts. Bd. 1. Stuttgart 1996. (Reclams Universal-Bibliothek. 9462.) S. 21–37.

Vorjans, Gerrit: Von der Torheit, wählerisch zu sterben.

Suizid in der deutschsprachigen Literatur um 1900. Bielefeld 2016. S. 125–144.

Wilpert, Gero von: Leutnant Gustl und seine Ehre. In: Die Ehre als literarisches Motiv. Eric W. Herd zum 65. Geburtstag. Hrsg. von August Obermayer. Dunedin 1986. S. 120–139.

Filmempfehlung

Leutnant Gustl (BRD, 1963). Regie: John Olden. Drehbuch: Norbert Kunze und Ernst Lothar. Laufzeit: 91 Min.

11. Zentrale Begriffe und Definitionen

Auktorialer Erzähler (allwissender Erzähler): Der Erzähler überschaut souverän von seiner olympischen Position das gesamte Geschehen in einer Erzählung. Solch ein traditioneller Erzähler kommt in *Lieutenant Gustl* nicht zu Wort.

➤ S. 34

Bewusstseinsstrom (Stream of Consciousness): Eine Erzähltechnik, welche die Bewusstseinsinhalte einer Figur unverändert wiedergibt. Der Satzbau ist daher oft unstrukturiert, und assoziativ. Ein Beispiel: »Ha! – also um sieben Uhr! – Ja ... na, was denn noch? ... Weiter ist ja nichts zu überlegen. Im Zimmer schieß' ich mich tot, und dann is basta! Montag ist die Leich' ... Einen kenn' ich, der wird eine Freud' haben: das ist der Doktor ...« (S. 27).

➤ S. 34, 82–84

Deus ex machina: (lat. ›Gott aus einer Maschine‹), wenn in einer scheinbar ausweglosen Situation, die auf eine Katastrophe zusteuert, plötzlich und unerwartet eine Wende eintritt, ausgelöst durch Götter, Zufälle, diverse Ereignisse oder Personen. Im *Lieutenant Gustl* ist es der plötzliche Tod des Bäckermeisters.

➤ S. 62

Diminutiv: (lat. *deminuere* ›verringern‹, ›verkleinern‹), das Dimunitiv ist eine grammatische Verkleinerungsform eines Substantivs, es verniedlicht Personen oder Gegenstände oder es wertet sie ab: statt Gustav/August eben Gustl, statt Bank Bänkchen.

➤ S. 36

Dingsymbol: ein Gegenstand, ein Tier oder eine Pflanze als zentrales Motiv eines literarischen Textes. Das Dingsymbol in *Lieutenant Gustl* ist sein Säbel. Diese Waffe ist auch ein Symbol der militärischen Ehre, die vom Bäckermeister angetastet wird: »er hat den Griff von meinem Säbel in der Hand« (S. 15). Der Handwerker droht ihm sogar, er würde seinen Säbel zerbrechen und die Überreste an seinen Regimentskommandanten schicken. Den Säbel kann man auch als Phallussymbol verstehen: Gustl plagen, denkt man mit Freud, vielleicht auch Kastrationsängste, schließlich hat Habetswallner im Foyer des Musiksaals seinen Säbel ergriffen, ihn also symbolisch kastriert.

➤ S. 41

Ellipse: (von griech. élleipsis ›Auslassung‹), ein Satz ist unvollständig. Die Ellipse wirkt oft hektisch und affektgeladen. Ein Beispiel: »… der Kopetzky ist doch der einzige … Und grad der hat mir heut' das Billet geben müssen …« (S. 29).

➤ S. 35

Erzählte Zeit: Zeitraum, über den sich die erzählte Handlung (rund acht Stunden) erstreckt.

Erzählzeit: Zeitraum, den man benötigt, um einen erzählenden Text zu lesen (ca. 80 Minuten).

Fin de Siècle: (frz. ›Ende des Jahrhunderts‹), in diesem Zeitraum gab es verschiedene literarische Strömungen – Symbolismus, Impressionismus und Dekadenzliteratur, die man als Fin de Siècle bezeichnet. Die Autoren des Fin de Siècle richteten sich gegen den ➤ Naturalismus (1880–1900) und beschäftigten sich mit dem Verfall der traditionellen Werte und deren Niedergang am Ende des 19. Jahrhunderts. Die Autoren beschäftigten sich mit den Abgründen der menschlichen Existenz, die zuweilen absurd sind. Schnitzler hat in seinem *Lieutenant Gustl* solch eine Figur exemplarisch vorgestellt.

➤ S. 43 f.

Innerer Monolog: (von griech. *mónos* ›allein‹, *lógos* ›Rede‹), Selbstgespräch einer literarischen Figur, in dem diese dem Leser einen Einblick in ihre Gedanken- und Gefühlswelt gewährt. Der innere Monolog ist meist in der 1. Person Präsens verfasst. Als Stilmittel finden wir im Monolog unter anderem ➤ Ellipsen, Ausrufe und Gedankenassoziationen. Ein Beispiel: »Der Müller sicher, der wär' wieder objektiv gewesen oder so was. Mit dem Objektivsein hat sich noch jeder blamiert … ›Herr Lieutenant!‹ … schon die Art, wie er ›Herr Lieutenant‹ gesagt hat, war unverschämt! …« (S. 11).

➤ S. 34

Intertextualität: Julia Kristeva prägte in ihrem Aufsatz *Bachtin, das Wort, der Dialog und der Roman* (1967) den Terminus »Intertextualität«. Mit diesem Begriff geht sie von einem breit gefächerten Textverständnis aus. Entscheidend ist der Bezug von Texten zu anderen Texten. Ein Text ist für sie kein autonomes Konstrukt, vielmehr besteht er aus einem Bündel von Zitaten. Das trifft auch auf *Lieutenant Gustl* zu. Schnitzler bezieht sich mehr oder weniger eindeutig auf verschiedene Texte wie zum Beispiel: Friedrich Schillers *Die Bürgschaft* (1799), Johann Wolfgang von Goethes *Faust I* (1808, V. 783 f.), Ferdinand von Saars Novelle *Leutnant Burda* (1887), Édouard Dujardins *Lauriers sont coupés* (1888), Hermann Bahrs *Die neue Psychologie* (1890) und den Liedtext von Felix Mendelssohn Bartholdys *Paulus. Oratorium nach Worten der heiligen Schrift* (1836).

➤ S. 53–55

Kleinbürgertum: Leutnant Gustl könnte als Kleinbürger gelten. Als Kleinbürger wurden ursprünglich Menschen aus der unteren Arbeiterschicht bezeichnet wie etwa Kaufleute, Bahnbedienstete, Volksschullehrer, einfache Soldaten und Handwerker. Entstanden ist der Begriff vermutlich im 18. Jahrhundert. Seine Verwendung reichte allerdings noch weit bis ins 20. Jahrhundert hinein. Bezeichnend für einen Kleinbürger war sein geringer Besitz und Bildungsstand; seine Aufstiegschancen in der Gesellschaft waren daher niedrig.

➤ S. 19 f.

Leitmotiv: Motive, die öfters in einem literarischen Text wiederholt werden: In Form von Redewendungen, Metaphern, Wörtern, Sätzen oder Gegenständen (Dingsymbole). Bartholdys *Paulus. Oratorium nach Worten der heiligen Schrift* gibt das Leitmotiv der Krise und der Wandlung vor. Gustl durchlebt zwar wie Saulus eine existenzielle Krise, aber im Unterschied zu ihm verändert er sich nicht zu einem Paulus. Als Leitmotive ziehen sich die verlorene Ehre, der geplante Selbstmord und der »dumme Bub« durch die Novelle.

➤ S. 41

Moderne: Literarische Strömung in der Zeit um 1900. Allerdings ist der Begriff unscharf und uneinheitlich. Aus der Moderne ist eine Vielzahl an unterschiedlichen Kunstbewegungen hervorgegangen: Dazu zählen der Naturalismus, Impressionismus, Expressionismus, Neue Sachlichkeit und der Symbolismus. Kennzeichnend für die Moderne ist der Wunsch der Künstler nach Individualisierung, außerdem experimentieren sie in inhaltlicher, formaler und sprachlicher Hinsicht.

➤ S. 44–49

Naturalismus: Gesamteuropäische Literaturepoche, die von Frankreich (Émile Zola) ausging und etwa zwischen 1880 und 1900 Bestand hatte. Prägend für diese Bewegung war die Orientierung an den Naturwissenschaften, insbesondere an der Vererbungslehre und der Evolutionstheorie. Ziel war es, den Menschen als triebhaftes Wesen darzustellen, das zu jeder Zeit seiner Umwelt – und modern formuliert – seinen Genen unterworfen ist. Er ist das Produkt seiner biologischen Herkunft, aber gleichzeitig auch ein unter den Einflüssen seiner Umwelt leidendes Individuum. Die handelnden Figuren verkörpern meistens Antihelden, die unterprivilegiert sind. Den Naturalisten geht es darum, die hässliche Wirklichkeit, in der Missstände existieren und die Lebensbedingungen grenzwertig sind, objektiv zu beschreiben und dadurch zur Sozialkritik anzuregen.

➤ S. 46 f.

Novelle: (ital. *novella* ›Neuigkeit‹), es handelt es sich bei einer Novelle um eine kurze Erzählung in Prosa. Im Unterschied zum Roman finden wir in der Novelle in der Regel nur einen einzigen Handlungsstrang, der auf einen Höhepunkt zuläuft. Theodor Storm hat die Novelle zu Recht als »Schwester des Dramas« bezeichnet. Die Wesensmerkmale einer Novelle sind, ähnlich wie die des Dramas, eine szenenhafte Darstellung, dialogische Elemente, das Zusteuern auf einen Höhe- und Wendepunkt und die daraus häufig resultierende Katastrophe sowie ➤ Leitmotive und ➤ Dingsymbole. Goethe definierte 1827 die Novelle als »eine sich ereignete unerhörte Begebenheit«. In der Novelle, und das versteht Goethe unter »unerhört«, wird etwas Neues und Außergewöhnliches erzählt. Was ist das Unerhörte im *Lieutenant Gustl*? Der völlig unerwartete Tod des Bäckermeisters Habetswallner ist das Unerhörte. Sein Tod rettet Gustl das Leben, weil er sich nun nicht mehr umbringen wird. Außerdem ist die Auseinandersetzung mit dem Bäckermeister Habetswallner, die sich im Anschluss an den Konzertbesuch ereignet, eine unerhörte Begebenheit.

➤ S. 40 f.

Rückblende: Eine Erzähltechnik, die den chronologischen Erzählfluss durch Sequenzen aus der Vergangenheit unterbricht. Der Erzähler oder eine der Figuren vergegenwärtigen frühere Ereignisse. In *Lieutenant Gustl* wird zum Beispiel seine erste Liebschaft als »Bub« mit Klara (S. 27 f.) rückblickend erzählt.

➤ S. 39

Wiener Moderne (1890–1910): Sie umfasst das gesamte kulturelle Leben in Wien: Musik, Malerei, Literatur, Architektur, Bildhauerei, Philosophie, Sozial- und Naturwissenschaften, Jura, Medizin, Psychoanalyse sowie Wirtschaftswissenschaften.

➤ S. 44–49